ESSAI HISTORIQUE

SUR

L'ORIGINE ET LE DÉVELOPPEMENT PROGRESSIF

DE

L'EXPLOITATION

DU

CHARBON DE TERRE

DANS LE BASSIN HOUILLER DU GARD

PAR

Jacques MALINOWSKI

Licencié ès sciences
Professeur d'histoire naturelle au Collége d'Alais
Membre de plusieurs Sociétés savantes

ALAIS

TYPOGRAPHIE J. MARTIN

Basse place Saint-Jean

—

1868

AVANT-PROPOS

Voulant, pour notre instruction personnelle, nous former une idée autant que possible exacte sur la nature géologique des terrains des environs de la ville d'Alais, nous avons résolu de prendre la question *ab ovo*, en remontant autant que possible vers l'origine des exploitations minérales de cette contrée, si bien dotée par la nature sous ce point de vue. Cette étude nous a conduit à l'examen de quelques manuscrits et documents anciens, qui nous ont dévoilé l'état primitif de ces travaux, et principalement ce qui concerne la houille. Croyant que quelques autres personnes, qui n'ont ni le temps ni l'occasion de faire des recherches pareilles, liraient cependant avec intérêt ces détails sur l'enfance de l'art et sur son perfectionnement progressif, nous avons rédigé, le plus brièrement possible, nos notes et nos matériaux, en donnant au tout une forme d'un petit mémoire, qui pourra servir un jour comme une introduction à un tableau complet et général des bassins houillers du Gard.

Après avoir lu ces pages si imparfaitement tracées, on sera cependant frappé de l'immense progrès que l'industrie minière a fait dans ce pays pendant un laps de temps d'un siècle environ. Quelle comparaison, en effet, entre ces premiers essais si faibles et si informes et le magnifique développement que présentent aujourd'hui les exploitations du bassin houiller d'Alais, établissements qui fournissent actuellement plus de douze cents mille tonnes de combustible par an, ce qui le place au troisième rang parmi les grandes houillères de France (1).

---

(1) Voici l'ordre de l'importance des bassins houillers de la France.

1° Par rapport à la surface.

1. Bassin du Nord : Valenciennes, Condé; surface 49,248 hectares.

2. Bassin de Saône-et-Loire : Creuzot, Blanzy, Epinay, la Clayette; surface : 46,798 hectares.

3. Bassin du Gard : Alais, Saint-Ambroix; surface : 26,888 hectares.

Viennent après le bassin de la Loire : Saint-Etienne, Rive de Gier, Roanne; bassin du Calvados, de Graissessac, dans l'Hérault, etc.

2° Par rapport à la production annuelle en charbon de terre.

1. Bassin du Nord : — en 1863 : 2,975,279 tonnes; en 1865 : 3, 500,000 tonnes.

2. Bassin de Saône-et-Loire : — en 1863 : 2,873,382 tonnes; en 1865 : 3,037,000 tonnes.

3. Bassin du Gard. — en 1863 : 1,486,235 tonnes; en 1865 : 1,245,000 tonnes.

ESSAI HISTORIQUE

SUR

l'Origine et le Développement progressif

DE

L'EXPLOITATION

DU

CHARBON DE TERRE

DANS LE BASSIN HOUILLER DU GARD

Première partie

DE L'ÉPOQUE LA PLUS RECULÉE JUSQU'A LA FIN DU XVIIIᵉ SIÈCLE

En thèse générale, lorsqu'il s'agit d'examiner l'ancien état des exploitations des mines en France, la première idée qui se présente naturellement est celle de rapporter aux Romains l'origine de ces travaux. En effet, les trois siècles d'une tranquillité presque complète dont la Gaule jouissait sous la domination romaine, ont dû forcément favoriser les développements de tous les travaux pacifiques en général et celui des travaux des mines en particulier. On a la preuve évidente de l'existence de ces derniers, dans plusieurs endroits, par les traces des anciennes galeries faites au ciseau d'une manière toute particulière; par les ruines des anciens fourneaux; par les dépôts immenses des scories qui couvrent le sol, et quelquefois même par les débris des instruments des anciens mineurs, qu'on retrouve profondément enfouis et recouverts par les couches épaisses de la terre végétale, où on recueille quelquefois des pièces de monnaie et des objets d'art, visiblement de la fabrication romaine.

D'après toute probabilité, les mines de plomb argentifère des Cévennes, peut-être quelqu'unes de celles de cuivre, et les sables aurifères du Gardon et de la Cèze, ont été déjà l'objet d'exploitations régulières et actives du temps des Romains. Mais comme nous nous proposons d'examiner ici spécialement les travaux des mines de charbon de terre, nous n'avons pas à nous occuper des recherches des autres matières minérales de ce pays. Les travaux ayant pour but l'exploitation de la houille dans le midi en France (1), paraissent cependant remonter à une époque déjà très-ancienne. Peut-être ils ne sont pas moins anciens que ceux de la Belgique, qui existaient déjà aux temps des croisades. Les premières exploitations de ce genre en Languedoc sont souvent visibles encore aujourd'hui par quelques vestiges des travaux des mines mal conduits, inondés ou éboulés, ou bien par quelques anciennes dénominations locales, dont l'origine est tout à fait inconnue aux habitants du pays et qui n'ont aucune raison d'être, par rapport aux circonstances actuelles, comme par exemple le chemin des charbonniers (la *Carrieïro carbounieïro*), dans les endroits où il n'y a point de grandes forêts, et où au contraire, on voit quelques lambeaux du grès houiller, qui pouvaient jadis avoir presque à leur surface quelques veines exploitables du combustible. Ailleurs ce sont les légendes locales et la vie de

____

(1) On ne sait pas si les Romains connaissaient la houille; leurs auteurs n'en parlent pas, et cependant le terrain houiller des environs de Lyon a été percé à l'époque romaine pour les travaux des aqueducs qui alimentaient jadis cette ville.

quelques saints qui fournissent des renseigne-
ments indirects, et cependant très-précieux et
incontestables sur l'exploitation de certaines mines de houille au moyen âge.

En effet, les auteurs de ces pieux écrits parlent quelquefois des mineurs miraculeusement
sauvés du feu grisou par l'intercession de tel ou
tel saint, par la vertu de telle ou telle prière. A
cet ordre de faits appartient un événement placé
sur la liste des miracles opérés par Notre-Dame-
de-Grau, près d'Agde, qui a dû, au XIII° siècle,
avoir sauvé miraculeusement du feu souterrain,
un certain nombre de mineurs de *Neffiès*, qui ont
eu la bonne idée de l'invoquer au moment du plus
grand danger.

Dans certains endroits aussi, la découverte des
mines a pu aussi être due aux moines, parmi lesquels se trouvaient souvent des hommes intelli-
gents et instruits qui, ayant vu certains travaux
exécutés avec succès dans un pays, ont indiqué
la marche à suivre aux habitants des autres con-
trées, souvent même très-éloignées les unes des
autres. Il est donc possible que les Bénédictins de
l'abbaye de Cendras, ou des autres monastères de
l'ancien comté d'Alais, sont ceux qui ont indiqué
les premiers, aux habitants du pays, l'usage du
charbon de terre, qui était déjà parfaitement
connu en Flandre et dans le pays de Liége. Mais
comme aucun document certain ne nous fait voir
l'origine de cette précieuse découverte, dans
la contrée qui nous occupe spécialement, nous
sommes porté à croire, que cette industrie n'a
eu aucun commencement bien déterminé, et que
peut-être depuis les temps immémoriaux déjà les
pauvres gens du pays, n'ayant pas de moyens de
se chauffer autrement, grattaient la terre dans des
endroits propices, pour arracher quelques par-
celles de charbon fossile, espèce de combustible
méprisé par les habitants plus riches du pays,

qui pouvaient se procurer facilement du bois, dans une contrée où les grandes forêts existaient encore au XVIe et même au XVIIe siècle (1).

Cette matière pouvait cependant être vendue facilement aux habitants de certaines localités qui, à cette époque, déjà étaient complètement déboisées; mais il ne faut pas oublier que dans ces temps-là, l'exploitation de toutes espèces des produits naturels du sol était extrêmement difficile à cause du mauvais état des routes et des voies navigables, à cause des guerres civiles, si fréquentes au moyen âge, et surtout à cause des *barres* ou douanes intérieures, qui gênaient en tout temps la circulation des bateaux et des voitures chargés de n'importe quelle marchandise.

Malgré tout cela, l'exploitation du charbon de terre dans les environs de la ville d'Alais, devait déjà se faire sur une échelle assez considérable au commencement du XVIIe siècle, puisqu'on trouve dans les archives de la ville d'Anduze (2) une mention que, le 31 mai 1619, les habitants de cette ville, se voyant menacés d'un siége par l'armée de Louis XIII, qui venait de prendre et de saccager Privas, envoyèrent un de leurs conci-

---

(1) On voit le mépris qu'on avait en France pour le charbon de terre, par ce passage des mémoires du célèbre marin Duguay-Trouin: « En courant vers les côtes d'An- » gleterre, je découvris une flotte de trente voiles, escor- » tée par un vaisseau de guerre anglais de 56 canons. » J'arrivai sur lui dans le dessein de le combattre, et mê- » me de l'aborder; mais, ayant parlé dans ma route à un » vaisseau de sa flotte, et su de lui qu'elle n'était chargée » que de charbon de terre, je ne crus pas devoir hasarder » un combat, pour un *si vil objet.* » Mémoire de M. Du- guay-Trouin, lieutenant-général des armées navales, à Rouen, 1738, page 45.

(2) *Histoire de l'Eglise réformée d'Anduze*, par T. P. Hugues Pasteur, président du Consistoire d'Anduze, 1864.

toyens à Alais, pour obtenir des provisions de charbon de terre, et pour faire fondre des canons dans une fonderie, qui existait déjà à cette époque dans cette ville.

Un peu plus tard, vers la fin du XVIIe siècle, un autre acte authentique affirme de nouveau l'importance des exploitations des mines de ce pays. En 1688, la dame Françoise-Marie de Valois, veuve du duc de Joyeuse, unique fille héritière de Louis de Valois, duc d'Angoulême et comte de Ponthieu et d'Alais, fit procéder à l'estimation cadastrale de son domaine. Le procès-verbal de cette opération dit textuellement que la ville d'Alais était d'une grande importance par ses marchés, ses grandes foires, son industrie variée et son territoire, par l'agriculture et ses *mines nombreuse s.*

Mais les premières notions scientifiques sur l'objet qui nous occupe, ne sont données que par le mémoire envoyé à l'académie royale des sciences, dans l'année 1747.

C'est M. l'abbé de Sauvages, que le grand Buffon considérait comme un excellent observateur, qui annonça à la savante compagnie l'existence bien déterminée des différentes mines de charbon de terre, entre Anduze et Villefort, sur une étendue de dix lieues environ, et principalement aux environs de la ville épiscopale d'Alais, et sur le territoire du vicomté de Portes.

Le mémoire en question, qui porte un titre modeste des *observations lithologiques,* dit d'une manière tout à fait positive (chose étonnante pour l'époque où la science géologique était encore au berceau), « que les mines de charbon de terre, se » trouvent toujours dans les endroits dont le ter- » rain ou les roches sont une espèce de grès, d'un » grain quartzeux, grisâtre, irrégulier dans sa » forme et sa grosseur; que cette matière se » trouve ordinairement par veines, au fond des » rochers..... « Le charbon, dit plus loin le même

» auteur, y paraît entassé par lits ou couches, et
» lorsque ces veines aboutissent à la superficie
» du sol, le charbon est altéré à six pieds de pro-
» fondeur. On ne tire d'abord que de la terre noi-
» râtre ; à mesure que l'on creuse, le grain devient
» plus ferme, d'un noir plus foncé et plus luisant;
» c'est le charbon dont on se sert pour les fours
» à chaux, etc. »

Ce passage et les autres détails communiqués
par M. l'abbé de Sauvages à l'académie des sciences, prouvent que les mines des environs d'Alais
ont été déjà assez bien connues et fortement exploitées vers le milieu du siècle passé, mais les
détails les plus précieux à cet égard sont posté-
rieurs d'un quart de siècle au travail dont nous
venons de parler.

Le manque de bois se faisant sentir de plus en
plus dans plusieurs parties du Languedoc, les
états de cette province, assemblés à Toulouse,
chargèrent, dans les dernières années du règne de
Louis XV, un savant distingué et ingénieur très-
versé dans la science des mines, M. de Genssane, de
la mission importante d'examiner avec soin les
principaux gisements de charbon de terre de la
province et d'indiquer les meilleurs moyens pour
en tirer parti.

M. de Genssane commence sa première tournée
en 1769, du côté de Pont-Saint-Esprit et visite
successivement les différentes exploitations qui
se trouvaient alors sur le territoire des évêchés
d'Uzès et d'Alais. Il commence d'abord par le gisement des lignites situé entre Valbonne et Cor-
nillon, et suivant les connaissances scientifiques
de cette époque, il confond ce combustible avec
la véritable houille. Plus loin, aux environs de
Barjac, il examine de nouveau un gisement
de la même nature, et voyant l'infériorité mar-
quée de ce combustible, il croit que l'exploitation n'est pas assez profonde pour obtenir une

matière d'une qualité irréprochable. De là, il se
rend à Bannes, où il trouve les traces de véritables veines de houille.

Il visite ensuite Portes, Chamborigaud, la Grand'-
Combe, les environs du Pradel, du Mas-Dieu, du
Collet-de-Dèze, de Saint-Hilaire et de Saint-Jean-
de-Valériscle. Partout il trouve les traces de
mines de charbon de terre très-abondantes, et le
combustible d'une qualité irréprochable, mais les
travaux sont mal conduits presque partout, et
dans plusieurs endroits, le danger était imminent.

Écoutons d'ailleurs les propres paroles de
l'auteur :

« Les travaux de Saint-Jean-de-Valériscle sont
» très-vastes, mais très-mal conduits. L'avidité
» fait couper le charbon sans ménagement et ne
» permet pas de laisser assez de piliers pour sou-
» tenir les toits de la mine, qui sont prêts à s'é-
» crouler et qui, tôt ou tard, s'écraseront et en-
» terreront ces malheureux en perdant pour tou-
» jours cette mine importante, très-riche en
» charbon de terre d'une excellente qualité. Le
» danger y est d'autant plus imminent, que les
» toits y sont fendus déjà en plusieurs endroits,
» et, malgré cela, les charrettes y vont et accé-
» lèreront probablement cet accident funeste. »

Les mineurs, qui étaient tous des paysans des
environs, ignoraient la manière d'extraire le
charbon en gros morceaux ; ils n'avaient pas
même des outils propres à ce travail, en sorte
qu'ils réduisaient tout le combustible en pous-
sière ; ce qui détériore la qualité et cause un
déchet considérable. En vain, M. de Genssané
chercha-t-il à leur procurer des meilleurs instruments ; ils ne savaient pas apprécier cet avantage, comme les entrepreneurs de ces mines ne
connaissaient pas la manière convenable et éco-
nomique pour organiser l'extraction et le trans-
port du charbon.

Sur un autre point, dans la forêt d'Abilon, près de la Grand'Combe, M. de Genssane crut voir les signes indubitables d'un immense incendie souterrain, qui menaçait de détruire complètement les gisements précieux de cet endroit:

« En examinant cette mine, dit-il, nous nous
» sommes aperçu que le feu était dans cette mon-
» tagne, à peu de distance des travaux, qu'il ga-
» gnera en peu de temps, si on n'y apporte un
» prompt remède, surtout dans les parties où ce
» feu est fort près de la surface du sol; car il est
» certain que s'il parvient à se faire jour, il y
» aura un embrasement général qui ne s'éteindra
» que lorsque tout le charbon de cette montagne
» sera brûlé complétement. — Il est même fort
» probable que ce feu finira par se communiquer
» aux mines des autres montagnes voisines; car
» il est certain que dans la profondeur de la terre
» toutes ces veines communiquent entre elles. »

Fort heureusement pour notre génération, cette prophétie de M. de Genssane ne se réalisa pas, et aujourd'hui, un siècle à peu près du moment où il écrivait ces lignes, la mine en question offre tous les ans un rendement considérable de combustible d'excellente qualité.

Après avoir visité les travaux des mines de Molières, de Rochesadoule, de Bességes, de Montalet et de Rochebelle, notre auteur se rendit dans les environs du Vigan, où il constata la présence d'une mince couche de charbon de terre. C'est une variété particulière du combustible minéral, qui se trouve ordinairement, non pas dans les masses de grès et de schistes noirs qui constituent le terrain houiller proprement dit, mais, au contraire, dans les terrains calcaires secondaires, souvent supérieurs au terrain carbonifère. Cette matière est connue actuellement sous le nom de *stipite*, que M. Adolphe Brongnart lui a imposé.

Notre auteur la signale avec beaucoup d'exactitude à l'aide des affleurements qui étaient visibles à Cabrillac, le long de la côte de Jouante, depuis Gatuzières jusqu'à Meyrueis, près de Sumène, à Salles et dans les environs de Revins, sur la Dourbie, où elle était déjà exploitée à cette époque. Mais cette exploitation se faisait sur une très-petite échelle, comme nous pouvons le juger par ce passage de l'ouvrage de M. de Genssane :

« Cette mine de Revins, dont les couches n'ont
» que 10 à 12 pouces d'épaisseur, était exploitée
» à l'époque de ma visite par deux mineurs et
» deux manœuvres. Ces ouvriers tiraient ordinai-
» rement 20 quintaux de charbon par jour, qui
» était vendu sur-le-champ, à raison de 10 sous le
» quintal, ce qui faisait 10 livres par jour, dont
» 4 étaient pour les ouvriers et 6 pour le sei-
» gneur de la localité, qui fait exploiter cette
» mine. »

Tel était donc, en général, l'état des exploitations de charbon de terre dans le bassin du Gard, vers la fin du règne de Louis XV; mais il ne faut pas croire que les autres exploitations étaient mieux conduites à cette époque que celles qui nous occupent. Les houillères d'Anzin n'existaient pas encore à proprement parler. Les premières galeries n'ont été pratiquées dans le bassin de Saône-et-Loire que dans l'année 1768, c'est-à-dire à peu près au moment où M. de Genssane visitait le bassin du Gard. A Saint-Etienne, on exploitait seulement à ciel ouvert, et, quant aux travaux de Rive-de-Gier, notre auteur, dans le préambule de son ouvrage, se charge lui-même de nous donner un tableau qui est non moins affligeant que celui qu'il venait de tracer pour les travaux du bassin du Gard.

« Je me garderai bien, dit-il, de proposer ici
» pour exemple les exploitations de Rive-de-Gier.
» Je les ai vues une fois, avec serment de ne les

» revoir jamais. Les excavations énormes que je
» vis dans cette montagne, jointes au peu d'ordre
» que je remarquai dans ces travaux, me firent
» d'autant plus d'horreur, que j'en reconnaissais
» tout le danger ; aussi, le consul du lieu m'as-
» sura-t-il que, depuis de longues années, parmi
» les mineurs qui travaillent à cette mine, il en
» est peu qui soient morts dans leur lit, et qu'ils
» avaient la plupart péri dans les mines les uns
» après les autres. Disons-le franchement, il y a
» de l'inhumanité, pour ne pas dire de la cruauté,
» d'exposer ainsi des hommes qui, pour gagner
» leur misérable journée, se prêtent par habitude
» et par routine à des dangers qu'ils ne connais-
» sent pas, sans leur donner au moins un homme
» entendu qui veille à la conservation de leur vie
» en leur prescrivant l'ordre de travail qu'ils doi-
» vent suivre. »

Nous voyons, d'après cela, que ce que nous
venons de dire relativement aux travaux des
mines dans le bassin du Gard se rapporte aussi
aux autres exploitations de la France, et que l'a-
dage connu : *ab uno disce omnes*, s'applique ici
parfaitement.

Cependant, quelques années plus tard, entre
1773 et 1777, l'état des choses change d'aspect,
sinon dans toutes les exploitations en général,
du moins dans celles qui, plus tard, devaient
avoir le plus de succès.

A Pigères, près de Baunes, au-dessous du château de Montalet, près Saint-Ambroix, aux environs du Mas-Dieu, entre Blanquière et Mas-de-
Bois, enfin à Rochebelle, en face de la ville
d'Alais, les véritables travaux de mines ont été
commencés avec avantage. On creusa des galeries
d'écoulement, on établit plusieurs puits dans les
endroits convenables, et les exploitations, pratiquées jusqu'alors sans ordre et sans ensemble,
commencèrent à prendre une allure régulière,

digne de l'époque de la civilisation et de la grandeur de la nation française.

Qui donc a pu produire ce changement heureux? Qui a pu si rapidement combler les vœux philanthropiques de M. de Genssane et de tous les hommes de bien? Qui a fait l'ordre avec le désordre? Qui prépara la voie à ce développement magnifique des travaux, qui fait aujourd'hui la fortune de ce pays et une des gloires de la France?

Son nom est sans doute connu dans tout le pays.... Il a une statue sur la grande place de la ville ; une des principales rues d'Alais porte sans doute son nom....

Rien de tout cela jusque aujourd'hui, et si ses arrière-petits-fils ne vivaient encore au milieu des Alaisiens, son nom serait tout à fait inconnu, là où, par sa courageuse et persévérante initiative, il fraya le premier la voie par laquelle devait arriver plus tard la prospérité principale du pays.

Cet homme s'appelait François Pierre de Tubeuf, originaire des environs d'Aigle, en Normandie. Doué d'un esprit actif et entreprenant, il a porté, dans les entreprises industrielles, cette activité persévérante et avantureuse que les anciens Normands montraient dans leurs expéditions maritimes et guerrières.

D'après toute probabilité, il avait acquis, dans sa jeunesse, une certaine connaissance dans l'art des mines et une certaine habileté dans la conduite de ce genre de travaux. Lorsque Louis XV, dans l'année 1768, fit occuper la ville d'Avignon et le Comtat Venaissin, à cause d'une contestation qu'il avait avec le pape Clément XIII, M. de Tubeuf fut chargé par M. Bertin, ministre secrétaire d'État, d'une mission de confiance, qui avait pour but de faire voir aux habitants de ce pays les avantages du nouveau gouvernement en mettant en valeur les mines de lignites qui ont été signalées dans ce pays, dans les environs d'Orange, et que l'on considérait alors comme le charbon de terre véritable. Mais, à peine M. de Tubeuf a-t-il pu commencer quelques opérations préliminaires, (1) que la politique du gouvernement changea tout à coup. Le Comtat Venaissin fut restitué au pape, et notre gentilhomme normand se trouva tout à coup sans emploi. C'est alors que le ministre, pour le dédommager de ses pertes et de ses espérances évanouies, lui assigna les travaux de la rive droite du Rhône et sur le territoire qui faisait partie de la province du Languedoc.

M. de Tubeuf se rendit au Pont-Saint-Esprit, qui était alors une place forte de la frontière, et fut logé avec sa famille, aux frais de l'État, dans la citadelle. Après avoir fait exécuter quelques sondages, qui étaient dans ce temps-là des opérations peu connues et peu pratiquées en France, il adressa une demande de concession ou de *privilége royal*, suivant le style officiel de l'époque. Cette faveur ne lui fut accordée que deux ans plus tard, c'est-à-dire le 17 avril 1773. Mais ce retard ne l'empêcha pas d'ouvrir quelques travaux avec une permission provisoire, et de pousser activement, dans tous les sens les explorations du terrain qui devait être le théâtre de ses futures spéculations.

C'est alors que cet homme extraordinaire, cet Argonaute de l'industrie moderne, commença, pour son propre usage, un journal curieux, dans

---

(1) On voit encore les traces de ces travaux jusqu'aujourd'hui, à Mondragon et Mornas dans le département de Vaucluse ; les galeries sont fermées, mais elles ont été exploitées encore plus tard, c'est-à dire au XIXe siècle. On y voit aussi dans un grès friable une excavation qui servait de bureau du temps de M. F. de Tubeuf.

lequel, pendant un laps de temps d'un quart de siècle environ, il consignait tous ses faits et gestes avec l'indication de toutes ses entreprises et de tous ses travaux. Ce document curieux et précieux pour l'histoire générale de l'industrie française, qui forme cinq gros volumes *in-folio*, nous a été confié avec bienveillance par les héritiers de M. Tubeuf, et il nous a mis à même de tracer convenablement la partie la plus importante et la plus difficile de la tâche que nous nous sommes imposée.

Le premier volume de ces mémoires commence ainsi :

Ad majorem Dei gloriam, Virginæque Mariæ, Ego Franciscus Petrus de Tubeuf Bajocœus, operationes incepi die martis 12ᵉ anno Domini 1770.

Effectivement, le hardi entrepreneur, avec ses ressources bien-modestes, et tout à fait inconnu dans le pays où il devait ouvrir ses travaux, commença une série d'opérations qui avaient pour but l'exploitation de mines de lignites, dans cette partie du Languedoc qui forme actuellement l'arrondissement d'Uzès et une partie de celui d'Alais. Mais, il ne faut pas perdre de vue que la concession accordée à M. de Tubeuf n'avait pas le sens précis et déterminé qu'ont les concessions de nos jours, étant appuyées sur la loi de 1810, qui a borné le droit des propriétaires en faveur de l'industrie métallurgique. Il suffit de connaître tant soit peu les institutions de l'ancienne monarchie française pour prédire avec certitude que M. de Tubeuf devait nécessairement se heurter contre le mauvais vouloir des propriétaires du sol et éprouver tous les désagréments et tous les obstacles qui ont entravé si fortement les plans du célèbre Riquet et l'exécution du canal du Midi.

Fort heureusement pour M. François de Tubeuf, ou plutôt pour le pays, les premières difficultés ont été levées, grâce à l'intervention de la personne que nous connaissons déjà, M. de Genssanne. Mais laissons-le parler lui-même. Ce qu'il dit est fort curieux et peint parfaitement bien l'état de choses de l'époque (1) :

« Pendant que nous étions occupés à régler l'exploitation des mines de charbon (lignites) de M. Barbut, près de Pont-Saint-Esprit, nous vîmes M. de Tubeuf, qui avait commencé plusieurs tentatives par différentes veines de ce fossile, dans le même voisinage, en vertu d'une permission de Sa Majesté ; nous observâmes qu'outre la petitesse de ces veines, le charbon en était de fort mauvaise qualité, et par trop bitumineux : il est en effet si gras, dans quelques-unes, qu'on peut en extraire l'asphalte par l'ébullition ; d'un autre côté, les sources dans ce canton sont très-abondantes, et presque à fleur de terre, ce qui occasionne des dépenses considérables dans ces sortes de travaux.

» Nous conseillâmes à M. de Tubeuf d'abandonner ses recherches, qui lui causeraient infailliblement des pertes considérables, et nous lui offrîmes de le placer sur des mines où son temps et ses fonds seraient employés plus utilement ; elles ne sont pas rares dans les Cévennes. Plusieurs motifs nous portaient à donner *ces sages conseils* à M. de Tubeuf. Nous nous faisions d'abord un devoir de le prévenir sur les pertes certaines auxquelles il s'exposait ; d'un autre côté, la prudence exigeait de nous de le placer quelque part où la solidité des travaux pût devenir d'une utilité réelle à la province ; il y avait une troisième raison également intéressante. M. de Tubeuf, en vertu de sa permission exclusive, pré-

______

(1) *Histoire naturelle du Languedoc*, Tome IV, page 33 et suivantes.

tendait être le seul en droit d'exploiter les mines de charbon de cette contrée, et cherchait noise au sieur Barbut et à quelques particuliers, pour leur faire fermer leurs travaux ; ceux-ci en avaient porté leurs plaintes à MM. les préposés de la province, qui m'avaient chargé de faire tout ce qui dépendait de moi pour terminer ces discussions à la satisfaction des parties intéressées.

» Je représentai à M. de Tubeuf, avec cette franchise qui caractérise la droiture, et dont j'ai toute ma vie fait profession, que c'était aller directement contre ses propres intérêts que de débuter dans un pays par s'y faire des ennemis. Vous ignorez sans doute lui dis-je, qu'en Languedoc, désobliger le moindre particulier, c'est désobliger toute la province, parce que la moindre plainte qu'on porte aux syndics des diocèses, est sur-le-champ renvoyée à MM. les syndics généraux, qui ne manquent pas d'en faire un Rapport aux États ; et cette illustre assemblée est aussi sensible aux mécontentements qu'on cause au plus petit de ses concitoyens, qu'elle est reconnaissante des services qu'on leur rend. Vous êtes dans le pays de la *sensibilité*. Vous y serez adoré, si vous y apportez un cœur *bienfaisant* et un esprit sociable ; mais il est dangereux d'y avoir des ennemis, surtout parmi le peuple.

» Après tout, les particuliers, dont vous enviez le bien, exploitent leurs mines dans la bonne foi, et à l'abri de deux titres respectables :

» 1° l'édit de 1601 ;

» 2° l'arrêt du conseil de 1698.

» L'un et l'autre enregistrés par tous les parlements et publiés dans tout le Royaume.

» Ils ont ignoré l'arrêt du conseil de 1744, qui jusqu'ici n'a eu aucune publicité, et auquel ils n'auraient pas manqué de se conformer, s'ils en avaient été instruits.

» Ces particuliers ne sont pas même dans le cas

des motifs qui ont déterminé le feu Roi à révoquer l'édit et l'arrêt précédent. Sa Majesté ne s'est portée à cette révocation, que parce que l'édit de 1601 et l'arrêt du Conseil de 1698 étaient restés sans effet. Ils ne l'ont pas été de la part de ces particuliers; ils ont constamment exploité les mines qui se sont trouvées dans leurs fonds depuis l'édit et l'arrêté en question; et s'ils avaient eu connaissance de l'arrêt de 1774, il leur était facile de profiter des voies que Sa Majesté leur indique par l'article 2 de cet arrêt, pour s'assurer la jouissance de leurs mines et de leurs travaux.

» Et puis, quels sont les services que vous avez rendus à l'Etat, pour exiger du meilleur des Rois, qu'il prive nombre de familles de leur pain, afin de vous le donner à vous seul? Voilà, monsieur en peu de mots les désagréments auxquels vous expose votre procédé. Voyons maintenant quels sont les avantages que peut vous procurer une conduite opposée.

» Vous me dites que votre dessein est de faire des établissements en grand, afin de les rendre par là plus utiles au public; et moi je vous réponds que c'est le vrai moyen de vous attirer l'estime et l'approbation du gouvernement de la province; et, de mon côté, pour concourir à un dessein si intéressant, je vous offre de vous placer sur des mines qui vous mettront à portée de remplir toutes vos vues, pourvu toutefois que vous me donniez votre parole d'honneur de ne pas inquiéter vos voisins; c'est tout ce que la province exige de vous. Vous obtiendrez par là la bienveillance des grands et des petits; chacun s'empressera de contribuer à vos succès; et je vous prouverai que ce parti ne nuira en rien aux bénéfices que vous espérez de vos travaux : car après tout, des établissements, tels que ceux que vous vous proposez, seront toujours au-dessus de toute concurrence, tant par la qualité des charbons que vous obtiendrez en poussant vos travaux à des profondeurs considérables, que par l'abondance des fournitures que vous serez à portée de faire, ce qui vous procurera, et la célébrité de votre entreprise, et le débit de préférence ; car soyez bien assuré que le meilleur des priviléges exclusifs est celui de faire mieux que son voisin. »

Après avoir émis ce principe, qui prouve que M. de Genssane avait déjà le pressentiment des bases de la véritable économie politique, qui ne devait éclore que cinquante ans plus tard par les travaux de Say et des autres économistes du dix-neuvième siècle, cet auteur nous dit que M. de Tubeuf (en homme d'esprit) sentit tout le poids de son observation, et, depuis ce moment, il n'était plus question que de lui trouver des endroits propices pour son entreprise.

Le premier établissement que M. Tubeuf fonda d'après l'avis de M. de Genssane, fut l'exploitation de la Pigère, près des Vans, petite ville du diocèse d'Uzès. On convint, dans un jour, des conditions avec les propriétaires du terrain, et, quelques jours plus tard, les ouvriers mineurs, amenés de l'Alsace par M. de Tubeuf, se mirent à l'ouvrage dans les nouvelles mines.

De là, M. de Genssane et M. de Tubeuf vont ensemble à Saint-Ambroix qui était alors un des endroits de la province où l'on élevait le plus de vers à soie et où les filatures étaient très-nombreuses. L'endroit le plus propice pour les nouvelles mines fut trouvé au-dessus du château de Montalet, où M. de Tubeuf s'arrangea facilement avec le propriétaire du sol, et y plaça des mineurs pour ouvrir les galeries.

Là, M. de Genssane quitte alors pour un moment M. de Tubeuf, et se rend à Alais, où il fait part à l'évêque, M. de Beauteville, de ses intentions et du projet de M. de Tubeuf. Le prélat reçut très-bien cette proposition et s'exprima en ces termes, d'après le rapport que nous en fait M. de Genssane. « Vous m'avez donné une idée si avantageuse des mines qui se trouvent depuis ici jusqu'au Mas-de-Bois, qu'il faut absolument profiter de la bonne volonté de M. de Tubeuf pour en avoir une exploitation en grand; ce qui ne peut manquer de faire diminuer le prix du charbon dans cette ville, outre que sela procurera du pain à nombre de mes pauvres familles. Ecrivez, ajouta le prélat, à M. de Tubeuf, et marquez-lui (*sic*) que je me ferai un devoir de concourir à ses succès, et de lui procurer toutes les facilités qui dépendront de moi. »

Là-dessus, M. de Genssane écrivit à M. de Tubeuf, en l'invitant à venir à Alais, où il arriva effectivement et fut accueilli, non seulement de l'évêque (paroles de notre auteur), mais même des préposés du diocèse et de tout le Corps de ville. Il ne fût plus question que de savoir par où l'on attaquerait ces mines. Bientôt après, on se transporta sur le lieu choisi pour l'exploitation future, avec les principaux habitants de la ville d'Alais. Cet endroit était près de Mas-de-Bois, et M. de Genssane qui était toujours dévoué à M. de Tubeuf (*concilio manuque*) mesura avec son fils, comme il a soin de nous l'apprendre lui-même, la longueur du percement souterrain qu'on devait faire pour arriver à la première veine du charbon, qu'on a trouvé dans cet endroit à quatre-vingt et quelques toises en perçant une roche calcaire très-dure, connue dans le pays sous le nom d'Amella. D'après M. Genssane, c'était un *marbre bleu turquin* qui, pour la grosseur des blocs, la solidité et la beauté, ne cédait en rien au plus beau marbre du Levant.

On voit donc, par tout ce que nous venons de dire, que la transformation heureuse des travaux des mines de houille dans le bassin du Gard et l'exploitation régulière de ces richesses minérales est due à la rencontre heureuse de deux hommes remarquables, l'un par la science, M. de Genssane, l'autre par l'esprit pratique, M. F. P. de Tubeuf.

Mais ce résultat bienfaisant pour le pays et même pour la France tout entière, n'a pas été obtenu sans difficultés considérables, que notre hardi entrepreneur normand a été obligé de combattre avec toute la force de son caractère énergique et persévérant.

Au commencement, on ne voulait pas croire à la possibilité de l'entreprise. Chercher la houille à une profondeur considérable, sous terre, semblait une folie à cette époque de l'enfance de l'art. On prétendait donc que les espérances de M. de Tubeuf étaient chimériques et tout à fait absurdes. Quelques-uns accusaient même M. de Genssane d'avoir induit en erreur un homme moins savant que lui et étranger au pays, en lui faisant faire des travaux qui ne pouvaient aboutir qu'à une déception complète.

Mais, lorsque au bout de plusieurs mois de travaux pénibles, M. de Tubeuf fut parvenu à obtenir un combustible excellent et en grande quantité, les détracteurs du charbon de terre prétendirent avec une violence extrême que cette matière était nuisible et malfaisante, qu'elle ruinait, en brûlant, la santé de l'homme, qu'elle gâtait les meubles, empêchait la végétation de la vigne et tuait les vers à soie.

Il s'en manquait peu qu'on eût demandé la condamnation par le Parlement du combustible fossile, en lui faisant un procès en règle, comme celui qui fut intenté un siècle auparavant à l'antimoine, — métal déclaré infâme par le Parlement de Paris, et banni à perpétuité du royaume de France et de Navarre.

M. de Genssane vint encore ici au secours de son ami. Il fit un rapport aux Etats du Languedoc dans le courant de l'année 1776, favorable en général aux travaux de mines en grand, et particulièrement aux efforts de M. F. P. de Tubeuf. Presque en même temps, notre savant ingénieur publia une brochure très-bien rédigée, dans laquelle il prouva jusqu'à l'évidence que la combustion du charbon de terre ne peut donner lieu à aucun des accidents fâcheux que l'ignorance ou la malveillance lui attribuaient. M. de Genssane alla même plus loin, car, dans cette publication, il enseigne le vrai procédé de la fabrication du *coke*, dans un fourneau qu'il a inventé lui-même à cet effet.

D'un autre côté, les efforts des Etats généraux pour créer dans les autres parties du Languedoc des établissements analogues à ceux de M. F. P. de Tubeuf, et entre autres celui de Graissessac, dirigé aussi par un homme habile nommé Giral, ne permettaient plus d'abandonner les travaux commencés aux environs d'Alais. Le commerce anglais, en profitant de la paix conclue en 1765, après la guerre de Sept ans, apportait aussi une grande quantité de charbon de terre à Marseille et à Cette. Tout cela faisait voir jusqu'à la dernière évidence que si on avait pu paralyser complétement l'entreprise de M. de Tubeuf, cela n'aurait servi qu'à enrichir les autres exploitations de de la province et à favoriser le commerce des étrangers.

Les ennemis acharnés de notre hardi entrepreneur ont donc changé de procédé et ont résolu de lui enlever le privilége de l'exploitation, ou au moins de lui former une concurrence redoutable. Les moyens combinés des ennemis de M. F. P. de Tubeuf peuvent se diviser en deux classes de faits, dont les uns peuvent être comparés aux manœuvres de la petite guerre, et les autres à la grande guerre, conduite d'après toutes les règles de la stratégie.

La petite guerre consistait à le dénigrer personnellement, à lui enlever ses meilleurs mineurs, en leur promettant un salaire plus élevé; à déprécier le charbon de terre provenant de tel ou tel puits qu'il exploitait. Quelquefois même, lorsque les galeries de M. de Tubeuf étaient dirigées dans un sens déterminé, ses antagonistes obtenaient des autres propriétaires voisins des travaux la permission de fouiller par côté, en coupant même la direction des lignes projetées, et il arriva plus d'une fois que, lorsque les travaux de M. de Tubeuf arrivaient à leur but, le charbon de terre de la veine était enlevé déjà totalement, ou pour pouvoir en prendre le reste, il fallait entamer et soutenir des procès longs et coûteux.

Quant à la grande guerre, qui devait porter un coup mortel à M. de Tubeuf et à son entreprise, il fallait attendre un moment propice. Ce moment tant désiré arriva enfin, lorsque la seigneurie d'Alais passa dans d'autres mains. En effet, tant que ce comté était dans la possession des princes du sang de la branche de Conti, le privilége de M. de Tubeuf ne courait aucun danger. Les princes de cette maison étaient trop grands seigneurs pour vouloir spéculer sur l'extraction du charbon de terre. Leurs vues s'étaient tournées ailleurs : l'un d'eux, François-Louis, prétendait même à la couronne de Pologne après la mort du célèbre Jean Sobieski, et le prince Louis-François, un de ses successeurs et contemporain de M. de Tubeuf, imitait en tous points la manière de vivre de ses ancêtres, et avait en grande considération le ministre d'Etat Bertin, qui protégeait fortement les utiles entreprises de M. de Tubeuf.

Mais, le 27 mars 1777, ce même Louis-François-Joseph de Bourbon, prince de Conti, vendit sa seigneurie d'Alais à Charles-Eugène-Gabriel de la Croix, marquis de Castries, gouverneur général

de Montpellier et de Cette, lieutenant général
des armées du roi, mestre de camp de la cavalerie et chevalier de plusieurs ordres, qui devint,
en 1784, ministre d'Etat chargé du département
de la marine.

Le marquis de Castries avait en apparence une
grande fortune, mais il n'était pas, comme les
Conti, princes du sang, assis sur les degrés du
trône. Il acquit beaucoup de gloire dans la guerre
de Sept ans, mais cette guerre ne fut pas heureuse pour la France et n'enrichit pas les chefs.
Après l'évacuation de l'Allemagne, le marquis de
Castries fut pendant quelque temps gouverneur
de la Flandre française, où il vit quels beaux bénéfices on pouvait tirer des mines de charbon de
terre.

En outre, notre marquis, créé bientôt maréchal
de France, était obligé de vivre somptueusement
à Paris et d'acheter les bonnes grâces des favoris
de la cour, ce qui ébréchait considérablement sa
fortune. Il fallait donc trouver un moyen d'aug-
menter ses revenus, et ce moyen était bien sim-
ple : exploiter les richesses minérales de sa seigneurie, dont on connaissait déjà bien l'importance, grâce aux efforts de M. de Tubeuf et grâce
aux savants rapports de M. de Genssane. Mais il
y avait un grand obstacle à l'exploitation du marquis de Castries : le privilége du roi accordé au
gentilhomme normand. Le marquis était bien le
seigneur de la surface du pays, mais le seigneur
et possesseur des richesses souterraines était
M. de Tubeuf, en vertu de son parchemin. Cet
état de choses paraissait insupportable au nouveau comte d'Alais. La grande guerre devait, par
conséquent, éclater bientôt.

M. le marquis de Castries avait un grand nombre d'amis à Alais. Il soutenait fortement les intérêts de la ville ; il avait même promis la création
d'une école de marine dans ses murs, *risum te-*

neatis amici, et il parlait souvent du creusement
d'un immense bassin au *Plan d'Alais* et au pied
de Conillière, où les futurs aspirants de la marine
devaient apprendre à faire la manœuvre sur des
petits vaisseaux construits exprès pour cet usage
singulier.

Parmi ces amis de M. le marquis, il y avait plusieurs légistes du pays qui, versés dans la science
de la chicane, eurent bientôt reconnu, après un
attentif examen des titres de M. de Tubeuf, qu'il
y avait plusieurs points douteux, ce qui permet-
trait facilement au nouveau seigneur d'Alais d'at-
taquer le concessionnaire. De là naquit ce fameux
procès qui brilla dans les fastes judiciaires de la
France, et que M. Étienne Dupont, ingénieur en
chef des mines et ancien directeur de l'Ecole des
Maîtres-Mineurs d'Alais donne, dans son ouvrage
intitulé *Traité pratique de la jurisprudence des
mines*, comme une preuve évidente de l'insuffi-
sance des anciennes lois françaises au point de
vue des concessions de travaux des mines.

Ici, il faut se rappeler que, comme il est dit
plus haut, par un arrêt du conseil du roi, du 17
avril 1773, « S. M. accorda à M. F. P. de Tubeuf
et ses hoirs, la permission d'exploiter, exclusivement à tout autre, pendant trente ans, les mines
qui se trouvent ou pourront se trouver aux environs d'Alais ou de Saint-Ambroix, ainsi que dans
toute l'étendue des terrains qui sont situés entre
Pont-Saint-Esprit, Laudun, Uzès, Anduze, Villefort, Aubenas et Viviers, ayant Barjac au centre. »

Le périmètre délimité par les villes sus-dési-
gnées était énorme ; il embrassait plus de 3,000
kilomètres carrés, et, d'autre part, l'addition
finale de ces mots : « ayant Barjac au centre, »
créait une difficulté d'interprétation en ce qu'elle
donnait l'idée d'un périmètre circulaire.

Le même arrêt du conseil royal imposait à
M. de Tubeuf l'obligation de payer une rente an-

nuelle de 800 livres pour l'entretien de l'Ecole royale des mines à Paris. Le 24 mars 1774, un second arrêt du conseil relatif à la concession Tubeuf intervint dans la même teneur que le précédent, sauf cette différence dans les expressions : « Les mines de charbons qui se trouvent ou pourront se trouver dans les environs, etc., » sont remplacées par celles-ci : « Les mines de charbons que le sieur de Tubeuf a découvertes ou pourra découvrir aux environs d'Alais et de Saint-Ambroix, etc. »

Le 19 mars 1782, un arrêt du conseil annule les oppositions formées contre la concession Tubeuf par les syndics des États du Languedoc, par ceux des diocèses d'Alais et d'Uzès, etc., et il est dit en outre, dans cet arrêt, que « le roi donne acte au sieur de Tubeuf de son consentement à ce que les mines dites de la forêt d'Abilon et du Mas-Dieu soient distraites de sa concession, et en conséquence, Sa Majesté permet au sieur marquis de Castries d'exploiter lesdites mines, sauf audit marquis à se retirer par devers Sa Majesté pour obtenir, s'il y a lieu, la permission d'exploiter les autres mines situées dans ses propriétés. »

La même année encore (1782), le 9 novembre, un nouvel arrêt du conseil proroge pour vingt ans la concession faite au sieur de Tubeuf des mines de charbon de terre découvertes ou à découvrir aux environs d'Alais et de Saint-Ambroix, dans toute l'étendue spécifiée par les arrêts de 1773 et 1774, en exceptant les mines concédées au marquis de Castries, mais sans mentionner ces mots : « ayant Barjac au centre, » qui avaient créé une difficulté d'interprétation.

Un différend intervint entre le marquis de Castries et M. de Tubeuf sur l'interprétation à donner à ces mots : Mines de Mas-Dieu. M. de Tubeuf entendait les mines de la paroisse de Mas-Dieu, tandis que le marquis de Castries, qui en-

tendait le bailliage de Mas-Dieu, avait pris possession de; mines exploitées par M. de Tubeuf.
Sur ce différend intervint l'arrêt du conseil du
9 mars 1784, qui condamna le maréchal de Castries aux dépens de l'instance et ordonna que le
sieur de Tubeuf serait remis incessamment en
possession des mines en litige.

Nous avons relaté les faits qui précèdent d'a-
près le texte de l'ouvrage de M. l'ingénieur en
chef Dupont; mais, ici, nous sommes obligé d'in-
terrompre son compte rendu, afin d'intercaler les
détails d'une scène sanglante qui se passa sur les
mines en litige, et nous prenons le texte même
d'un mémoire de M. de Tubeuf :

« Qui ne se serait pas cru, dit-il, d'après un
pareil jugement, pour jamais à l'abri de toute op-
position, de tout trouble de la part de M. le maréchal de Castries, au moins quant à l'exploitation de Trouilhas? Quel autre eût poussé aussi
loin que moi la déférence à son égard? Au lieu
de faire valoir mon triomphe, j'allai, comme si
c'eût été moi qui eusse succombé, lui offrir de
prendre pour mon compte ces mêmes mines qu'il
s'était cru autorisé à faire exploiter, et de lui en
donner un prix supérieur à celui dont étaient
tenus les fermiers..... Cette proposition si géné-
reuse ne fut point acceptée. N'étant pas assez
heureux pour pouvoir être le fermier de ma pro-
priété, je m'occupai à mettre à exécution l'arrêt
que je venais d'obtenir.

« Le 3 mai suivant, je me transportai sur la
paroisse de Trouilhas avec trois huissiers, qui
crurent, d'après les menaces qui leur avaient été
faites, devoir se faire escorter par un détachement
d'invalides. J'aurais regardé ces précautions comme inutiles, si M. le maréchal de Castries avait été
sur le lieu ; mais il était représenté par des agents
plus jaloux de se parer à ses yeux d'un zèle cou-
pable, que de montrer leur soumission aux déci-

sions émanées du trône, et ils ne le prouvèrent que trop. J'avais consenti, par respect pour M. le maréchal, à leur accorder un délai de quinze jours ; en conséquence, nous nous retirâmes et ne revînmes que le 21 du même mois ; mais à peine nous vit-on paraître, que, sans égard pour le caractère d'officiers de justice, sans ménagement pour l'uniforme dont les invalides étaient revêtus, mes huissiers et leur escorte furent assaillis de pierres ; plusieurs d'entre eux en ont été blessés. Quant à moi, j'eus le malheur d'être atteint d'une pierre lancée avec tant de force, qu'elle me brisa trois dents et me fit une ouverture au-dessus de l'œil, que j'ai perdu peu de temps après..... Dans la crainte de rendre cette scène plus sanglante, nous nous sommes éloignés de ces furieux, pour lesquels il n'y avait rien de sacré. »

On croirait qu'après cette scène de violence, les autorités locales aient fait respecter l'arrêt du Conseil, autant pour satisfaire la justice et la légalité que pour porter la consolation à M. de Tubeuf, fortement souffrant de sa blessure. On croirait que l'autorité centrale, *à Paris*, qui portait alors le titre pompeux de Conseil du roi, ait vengé l'injure faite à M. de Tubeuf, dans l'intérêt de sa propre dignité. Mais c'est le contraire qui est arrivé. Juste le même jour où la sanglante collision eut lieu, un messager royal partait de Paris avec un nouvel arrêt du Conseil rendu dans un sens tout à fait contraire à celui du 9 mars 1784. Ce nouvel arrêt, daté du 18 mai de la même année, « ordonne au sieur de Tubeuf de surseoir à toute entreprise sur les mines appartenant au maréchal de Castries, dont l'exploitation est antérieure à la concession faite audit de Tubeuf et notamment sur celle appelée de Trouilhas ou la Grand'Combe.

Mais tout n'est pas fini encore. Le 19 octobre 1784, encore un autre arrêt du Conseil dépouillait en fait M. de Tubeuf d'une grande partie, sinon de tous les terrains à lui concédés en 1773, 1774 et 1782, et accordait à Monsieur, frère du roi, (qui apparaît ici comme un *Deus ex machinâ*), « à ses hoirs, ses successeurs directs et indirects et ayants-cause, la permission d'exploiter et faire exploiter, exclusivement à tout autre, pendant trente années, les mines de charbon qui se trouvent ou pourront se trouver, tant sur la terre de la vicomté de Portes, en Languedoc, au diocèse d'Uzès, que sur celle du domaine de Sa Majesté, soit des particuliers en la même vicomté, dans toute son étendue, et notamment sur les territoires de la Fenadou, de la Forêt et de la mine de la Trouche..., à la charge d'indemniser les propriétaires de la surface endommagée et, en outre, d'entretenir un élève de l'Ecole royale des mines. »

M. Dupont, en rapportant ces faits déplorables ajoute : « Ce qu'il y a d'étrange dans le texte de l'arrêt du 19 octobre 1784, c'est qu'il y est observé de faire limiter et restreindre, si faire se doit, l'étendue de la concession accordée à Monsieur, du côté de celles des mines d'Alais, accordées au sieur de Tubeuf. » Mais ces paroles paraissent n'être qu'une cruelle dérision, car il suffisait de se reporter au texte des arrêts de 1773, 1774, 1782, et de consulter une carte, pour reconnaître que la concession faite à Monsieur, le frère du roi, était formée, en totalité, des terrains compris dans la concession antérieurement accordée à M. de Tubeuf.

Atteint au cœur par toutes ces injustices et presque ruiné, notre hardi entrepreneur quitte enfin son exploitation de Rochebelle, organisée encore imparfaitement, et se rend à Paris pour demander justice. — Cinq ans se passent dans l'incertitude la plus cruelle, pendant lesquels M. de Tubeuf gère de loin son exploitation par des lettres qu'il adresse à ses hommes d'affaires. Et si cette longue correspondance est pénible à lire à cause de la position critique qui fut faite à M. de Tubeuf par l'inconcevable versatilité du gouvernement d'alors, elle est un document précieux qui met en évidence et l'imperfection des lois de l'ancien régime et la grande capacité de l'homme qui nous occupe. Au milieu du bruit ordinaire de la capitale, en présence de l'orage politique qui s'annonçait déjà sur l'horizon et grondait dans le lointain, M. de Tubeuf est toujours calme, résigné, confiant dans la Providence. S'il se plaint de l'injustice des hommes, il le fait avec dignité et modération ; s'il donne des ordres pour la continuation des anciens travaux ou pour l'ouverture de quelques nouvelles galeries, il le fait avec la plus grande lucidité d'esprit et avec une sagacité tout à fait extraordinaire. On voit qu'il se rend compte parfaitement de tous les accidents si variés du terrain de ses exploitations et il ne laisse jamais échapper la moindre faute de calcul de ses commis. Il est plein d'espérance à l'approche du grand mouvement de la convocation des Etats généraux. Il croit voir déjà la France régénérée, la justice rétablie, le commerce et l'industrie se développant librement, lorsqu'un coup de foudre l'atteint de nouveau. En effet, l'ancien régime expirant accomplit encore une injustice, et le dernier arrêt du Conseil du 29 décembre 1788 casse définitivement l'arrêt du 9 mars 1784, condamne M. de Tubeuf aux dépens et donne complétement raison au maréchal de Castries, « maintenant ledit dans la possession des mines de Trouilhas, dites de la Grand'Combe. »

L'indignation de M. de Tubeuf était portée à son comble par cette funeste décision du pouvoir. Son entreprise entière fut gravement compromise ; il ne voulait plus revenir à Alais et chercha un acquéreur qu'il finit par trouver dans la personne d'un certain abbé de *Bréard*, auquel il céda son exploitation de Rochebelle. Mais le personnage se trouvant insolvable, M. de Tubeuf fut obligé, à son grand regret, de reprendre son établissement afin de satisfaire ses créanciers.

Pendant ce temps-là, la grande révolution poursuivait son chemin. M. de Tubeuf, habitant la capitale, trouva l'accès auprès des hommes remarquables de l'époque, il voyait souvent Lafayette et Mirabeau, et, d'après toute probabilité, il sut tourner l'attention de ce dernier sur l'importante question des mines, car on sait que cet homme d'Etat célèbre, en a fait, vers la fin de sa vie, l'objet d'une étude sérieuse et que son dernier discours, prononcé dans l'Assemblée nationale au mois de juillet 1791, fut précisément relatif à la loi des mines qu'on discutait à cette époque.

Mais cette loi, promulguée au moment de l'effervescence générale, ne put produire aucun bien réel pour les travaux de mines. De graves désordres eurent lieu dans plusieurs parties de la France, et à partir de 1792, la guerre, commencée sur l'ensemble des frontières, priva les mines de tous les jeunes ouvriers. Déconcerté par cette tournure extraordinaire des affaires, M. de Tubeuf prit la funeste résolution de quitter la France. Son esprit était entièrement tourné vers les travaux pacifiques de l'industrie. L'inactivité dans l'incertitude lui était insupportable. Il s'embarqua donc pour l'Amérique du Nord et acquit un terrain considérable dans le comté de Russel, situé sur le territoire de l'Etat de Virginie. Mais la mauvaise fortune qui l'avait poursuivi pendant toute sa vie en France ne cessa pas de le poursuivre dans les déserts du Nouveau-Monde. Son habitation, à peine établie sur la lisière des forêts vierges, au milieu des immenses prairies qui couvraient la contrée, fut attaquée, en mai 1795, par une bande d'Indiens sauvages. Après une lutte longue et opiniâtre, M. François de Tubeuf tomba mort, et son jeune fils blessé, ayant échappé au carnage, revint en France, où nous le verrons bientôt faisant des démarches pour disculper son père de l'accusation portée contre lui d'avoir quitté la France comme émigré et cherchant à regagner sa fortune patrimoniale.

Telle a été la fin de cet homme extraordinaire, qui, par sa courageuse entreprise, répandit dans le bassin du Gard, les bienfaits de cette industrie houillère, qui y nourrit aujourd'hui des milliers de familles et constitue la richesse principale du pays. S'il avait survécu à l'orage révolutionnaire, il aurait peut-être pu accomplir glorieusement sa carrière dans sa patrie. C'étaient les hommes de cette trempe que Napoléon Ier cherchait et savait trouver sous son règne. Il aurait reconnu en lui l'homme digne de représenter la grande industrie houillère de la France et lui aurait peut-être assigné une place éminente dans son immortel conseil d'Etat.

Mais il est mort dans un pays lointain; il ne reste de lui d'autres souvenirs dans la contrée qui avait été le théâtre de ses travaux qu'un puits creusé dans un des points les plus importants de la mine de Rochebelle et auquel les ouvriers ont toujours conservé le nom de *Puits Tubeuf*. On le voit gravé avec ce nom dans une des coupes qui accompagnent la carte géologique de France, faite comme on le sait, par *MM. Dufrénoy et Elie de Beaumont.*

FIN DE LA PREMIÈRE PARTIE.

AU LECTEUR

Le travail qui précède n'est que la première
partie d'un petit ouvrage contenant tout l'histori-
que du bassin houiller d'Alais. La suite de ce récit,
qui décrit le développement ultérieur de ces travaux, dans le courant du XIX.ᵐᵉ siècle, paraîtra par
parties dans l'*Aigle des Cevennes*, pendant les derniers mois de cette année, et nous espérons qu'au
1ᵉʳ janvier 1869, notre travail complet pourra être
livré à la publicité. Les encouragements ne nous
ont pas manqué jusqu'aujourd'hui, relativement à
nos recherches. La Société des sciences et des lettres
d'Alais, dont nous sommes un des fondateurs, a
bien voulu entendre avec la plus grande attention
la lecture de notre essai. La Société impériale des
sciences naturelles, d'agriculture et des arts utiles
de Lyon, à laquelle notre manuscrit a été présenté
par M. Fournet, correspondant de l'Institut, et professeur de géologie à la faculé de cette ville, a voté
l'impression de ce travail dans ses annales. Plusieurs
ingénieurs civils et chefs des exploitations nous en-
gagent à étendre nos investigations aux autres bran-
ches de l'industrie minière de ce pays. Et un personnage marquant, dont l'approbation est très-
précieuse pour nous, mais dont nous n'osons pas
citer le nom, sans une autorisation spéciale, consi-
dère ce petit travail comme une partie intéressante
de l'histoire générale de l'industrie française, qui
est encore à faire, et propose d'éterniser la mémoire
de M. de Tubeuf à Alais, comme on a fait pour
Jacquart à Lyon, pour Adam à Montpellier, et à
Nancy pour le célèbre Mathieu de Dombasle.
Appuyé sur ces marques de bienveillance et de
sympathie, nous faisons appel à toutes les person-

nes qui s'intéressent à l'industrie minière dans ce pays, en les priant de vouloir bien nous aider de leurs lumières et de leurs conseils dans l'accomplissement de la tâche que nous entreprenons. Ce n'est qu'avec leur concours, que nous pourrions un jour faire un tableau complet de l'industrie houillères du bassin du Gard, accompagné de coupes géologiques exactes, et des dessins de ces admirables machines qui servent pour l'extraction et la purification du charbon de terre. Notre intention serait de faire accompagner ce travail de la belle carte de M. Boulze, qui contient une représentation exacte de toutes les concessions minières de l'arrondissement d'Alais.

Mais avant tout, il faut que notre petit travail actuel soit propagé et lu par les populations industrielles du Gard. Serons-nous moins heureux que les auteurs anglais qui ont fait des travaux analogues ? L'un d'eux, M. Slide a même obtenu un grand succès dans ses publications, dans lesquelles il raconte, comme il le dit lui-même : « les actions héroïques de son peuple dans une guerre de trois cents ans, contre les roches les plus dures et *le feu grisou.* »

J. MALINOWSKI.

———

On trouvera cette brochure à la librairie Auquier à Alais, Grand'rue, 80, au prix de 1 franc. En payant 1 f. 50 c. on aura le droit à la seconde partie, qui, une fois publiée coûtera aussi 1 franc prise séparément.

———

Alais, imprimerie J. Martin, basse place St-Jean

& celle de le Gagneur, auffi de cent cinquante hommes, levée par ordonnance du 10 août 1744; celles de Provify & Maffanné, de cent hommes chacune, levées par ordonnance du 26 décembre 1742; & celle de Damien, de cinquante hommes, levée par ordonnance particulière du premier feptembre 1743, continueront à recevoir la folde qui leur eft réglée par l'ordonnance du premier novembre 1744, fur laquelle il fera retenu deux fols pour chaque ration de pain fournie aux Sergens & Soldats feulement; les Officiers n'en devant point avoir, fi ce n'eft en le payant au prix du Roy.

Compagnies de Bock, Mandre, Galhau, Duchemin, Pauly, la Harte, la Croix, Jacob, le Gagneur, Provify, Maffanné & Damien.

La compagnie de Bruck, compofée de cinquante Fufiliers-guides, continuera auffi de recevoir la folde qui lui eft réglée par ladite ordonnance du premier novembre 1744, fur laquelle il fera retenu deux fols pour chaque ration de pain fournie aux Sergens & Soldats feulement; les Officiers n'en devant point avoir, fi ce n'eft en le payant au prix du Roy.

Compagnie de Bruck.

La compagnie franche de Chaffeurs de Fifcher, levée par ordonnance du premier novembre 1743, & augmentée par celle du 16 novembre 1744, jufqu'au nombre de cent hommes, dont foixante à pied, & quarante à cheval, outre cent rations de pain qui feront fournies par jour pendant que cette troupe fervira en campagne, & fix rations de fourrage par jour au Capitaine, deux à chacun des premiers & feconds Lieutenans, foit en pied ou réformez, & une au Maréchal-des-logis & à chacun des quarante hommes à cheval, lorfqu'il n'y aura pas occafion de fourrager fur le pays, fera payée fur le pied de fept livres par jour au Capitaine, trois livres au premier Lieutenant fervant à la tête des quarante Chaffeurs montez, quarante fols au fecond Lieutenant commandant les foixante Chaffeurs à pied, pareils quarante fols au Lieutenant réformé conduifant les Chaffeurs à cheval, trente fols au fecond Lieutenant réformé employé avec les Chaffeurs à pied, vingt-cinq fols au Maréchal-des-logis, vingt fols à chacun des quatre Sergens;

Compagnie de Fifcher.

seize sols à chacun des quatre Caporaux, quatorze sols à chacun des quatre Anspessades, seize sols à chacun des deux Brigadiers à cheval, & dix sols à chacun des quatre-vingt-six Chasseurs, en passant présens aux revûes des Commissaires des guerres.

Officiers réformez attachez à la suite des compagnies franches d'Infanterie.

A l'égard des Officiers réformez entretenus à la suite des compagnies franches d'Infanterie, ils seront payez, sçavoir, chaque Capitaine sur le pied par jour de quinze sols, & chaque Lieutenant sur celui de huit sols quatre deniers, en passant présens sur les revûes des Commissaires ordinaires des guerres.

Wallons.

Les régimens Royal-Wallon & de Boufflers-Wallon, levez par ordonnances particulières du premier juillet 1744, composez chacun de deux bataillons, chaque bataillon de treize compagnies, dont une de Grenadiers de quarante-cinq hommes, & douze de Fusiliers de cinquante-cinq hommes chacune, seront payez, sçavoir,

Compagnies de Grenadiers.

Chaque compagnie de Grenadiers, outre le pain, sur le pied par jour de dix sols au Capitaine, huit sols au Lieutenant, six sols au Sous-lieutenant, six sols a chacun des deux Sergens, trois sols neuf deniers à chacun des trois Caporaux, trois sols six deniers à chacun des trois Anspessades, trois sols à chacun des trente-six Grenadiers & un Tambour ; & deux sols pour chacune des trois payes de gratification que le Capitaine recevra, sa compagnie étant à quarante-quatre & quarante-cinq hommes, deux desdites payes la compagnie étant à quarante-un, quarante-deux & quarante-trois, une seulement lorsqu'elle ne sera qu'à quarante, & rien au dessous dudit nombre.

Compagnies de Fusiliers.

Chacune des douze compagnies de Fusiliers par bataillon, outre le pain, sera payée sur le pied par jour de huit sols au Capitaine, six sols au Lieutenant, quatre sols au Sous-lieutenant, cinq sols à chacun des trois Sergens, trois sols trois deniers à chacun des trois Caporaux, trois sols à chacun des cinq Anspessades, deux sols six deniers à chacun des quarante-trois Fusiliers & un Tambour : le Capitaine, outre l'appointement ci-dessus, recevra six payes de gratification, de cinq fols chacune, lorfque fa compagnie fe trouvera de cinquante-quatre & cinquante-cinq hommes, quatre defdites payes lorfqu'elle fera de cinquante-un, cinquante-deux & cinquante-trois, trois lorfqu'elle fera de quarante-huit, quarante-neuf & cinquante, & deux feulement lorfqu'elle fera de quarante-cinq, quarante-fix & quarante-fept, n'en pouvant prétendre aucune fa compagnie étant au deffous dudit nombre de quarante-cinq hommes.

Le Soldat charpentier entretenu dans chacune des fix premières compagnies de Fufiliers de chaque bataillon, recevra fix deniers par jour d'augmentation de folde.

Soldats Charpentiers.

L'Enfeigne qui eft en chacune des compagnies Colonelle & Lieutenante-colonelle, au lieu d'un Sous-lieutenant, fera payé fur le pied de cinq fols par jour.

Enfeignes.

Les Officiers de l'Etat-major de chacun defdits deux régimens, feront payez fur le pied de huit fols par jour au Colonel, fix fols au Lieutenant-colonel, outre leurs appointemens de Capitaine, huit fols au Major, fix fols à l'Aide-major, quatre fols au Maréchal-des-logis, & deux fols fix deniers à chacun des Aumônier & Chirurgien.

E'tat-major.

Le Commandant du fecond bataillon de chacun defdits régimens, fera payé fur le pied par jour de fix fols, outre fes appointemens de Capitaine, & pareils fix fols auffi par jour à l'Aide-major qui eft en chacun defdits bataillons.

Commandans & Aide-majors des feconds bataillons.

Le régiment d'Arquebufiers de Graffin, levé par ordonnance du premier janvier 1744, & augmenté par celle du 25 decembre fuivant jufqu'à treize cens hommes, dont mille à pied & trois cens à cheval, fera payé, fçavoir,

RÉGIMENT D'ARQUEBUSIERS de GRASSIN.

Chacune des deux compagnies de Grenadiers, commandée par un Capitaine en pied, un Capitaine en fecond, un premier Lieutenant, un Lieutenant en fecond, & compofée de cinquante hommes, dont deux Sergens, trois Caporaux, trois Anfpeffades, quarante-un Grenadiers & un Tambour, fur le pied de fix livres par jour au Capitaine en pied, cinquante fols au Capitaine en fecond, quarante fols au premier Lieutenant, vingt-cinq fols au Lieutenant en fecond, douze fols à chacun des

Compagnies de Grenadiers.

deux Sergens, huit fols fix deniers à chacun des trois Caporaux, fept fols fix deniers à chacun des trois Anfpeffades, & fix fols fix deniers à chacun des quarante-un Grenadiers & au Tambour: le Capitaine touchera de plus quatre payes de gratification, de fix fols fix deniers chacune, fa compagnie étant de quarante-huit hommes juf-qu'au complet de cinquante, trois defdites payes à quarante-fix & quarante-fept, deux à quarante-quatre & quarante-cinq, une feulement à quarante-deux & quarante-trois, & rien au-deffous dudit nombre de quarante-deux.

Compagnies de Fufiliers. Chacune des neuf compagnies de Fufiliers, commandée par un Capitaine en pied, un Capitaine en fecond, un premier & fecond Lieutenans, & un Lieutenant ré-formé, & compofée de cent hommes, dont quatre Sergens, un Fourrier, un Capitaine d'armes, deux Cadets, quatre Caporaux, quatre Anfpeffades, & quatre-vingt-quatre Arquebufiers, y compris deux Tambours, fur le pied de cinq livres par jour au Capitaine en pied, cinquante fols au Capitaine en fecond, trente fols au premier Lieutenant; vingt fols au Lieutenant en fecond, feize fols huit deniers au Lieutenant réformé, onze fols à chacun des quatre Sergens, dix fols au Fourrier, neuf fols au Capitaine d'armes, dix fols à chacun des deux Cadets; fept fols fix deniers à chacun des quatre Caporaux, fix fols fix deniers à chacun des quatre Anfpeffades, & cinq fols fix deniers à chacun des quatre-vingt-quatre Arquebufiers, y compris deux Tambours. Il fera de plus accordé au Capitaine huit payes de gratification, de cinq fols fix deniers chacune, fa compagnie étant au nombre de cent hommes, fept de quatre-vingt-quinze à quatre-vingt-dix-neuf, fix de quatre-vingt-dix à quatre-vingt-quatorze, cinq de quatre-vingt-cinq à quatre-vingt-neuf, & quatre feulement de quatre-vingt à quatre-vingt-quatre; le Capitaine n'en devant prétendre aucune, fa compagnie étant au deffous dudit nombre de quatre-vingt.

Compagnies à cheval. Les trois cens hommes à cheval, formant fix compagnies de cinquante hommes chacune, commandées par
un

un Capitaine, avec un Lieutenant, un Cornette, & un Maréchal-des-logis, compofées de trois Brigadiers & quarante-fept Arquebufiers, y compris un Trompette ou Tambour, continueront d'être payez fur le pied par jour, fçavoir, de fix livres au Capitaine, trois livres au Lieutenant, quarante-cinq fols au Cornette, vingt-fix fols huit deniers au Maréchal-des-logis, neuf fols à chacun des Brigadiers, & fept fols à chacun des quarante-fept Arquebufiers, compris le Trompette ou Tambour.

Ordonne Sa Majefté qu'il foit payé à chacun des deux Capitaines en fecond, entretenus fur pied dans les compagnies de Cavalerie du Colonel & du Lieutenant-colonel, pour les commander en leur abfence, trois livres dix fols par jour, en paffant préfens aux revûes des Commiffaires des guerres.

Quant à l'Etat-major dudit régiment, il fera payé au *E'tat-major.* Colonel trois livres fix fols huit deniers par jour, quarante fols au Lieutenant-colonel, outre les appointemens qu'ils toucheront comme Capitaines, fix livres au Major, trois livres à chacun des deux Aide-majors, trente fols à l'Aumônier, & vingt fols au Chirurgien.

Veut Sa Majefté que ce régiment ne foit point affujéti en campagne à prendre le pain, & la viande, & qu'il ait cependant la faculté d'en prendre aux retenues ordinaires fur la folde.

Les fept régimens de Grenadiers Royaux, tirez des *RÉGIMENS* bataillons de milice, établis par ordonnance du 10 avril *de* 1745, pour fervir pendant la campagne 1745, compofez *GRENADIERS* chacun d'un bataillon de douze compagnies de cinquante *ROYAUX(tirez* hommes, commandées par un Capitaine en premier, un *des bataillons* Capitaine en fecond & un Lieutenant, & un Sous-lieu- *de Milice).* tenant lorfqu'il n'y aura point de Capitaine en fecond, feront payez fur le pied par jour de quatre livres au Capitaine en premier de chaque compagnie, trois livres au Capitaine en fecond, trente-deux fols au Lieutenant, & vingt fols au Sous-lieutenant lorfqu'il y en aura.

Les Sergens, Caporaux, Anfpeffades, Grenadiers &

Tambours de chacune desdites compagnies, outre le pain de munition & la viande qui leur seront fournis, seront payez sur le pied par jour de six sols à chacun des deux Sergens, trois sols neuf deniers à chacun des trois Caporaux, trois sols six deniers à chacun des trois Anspessades, trois sols à chacun des quarante-un Grenadiers, & cinq sols au Tambour, qui continuera de s'entretenir de collier & de baguettes.

E'tat-major. Les Colonels & Lieutenans-colonels mis à la tête de chacun des sept régimens ci-dessus, pour en avoir le commandement, sans être attachez à aucune compagnie, recevront par jour, sçavoir, le Colonel douze livres, & le Lieutenant-colonel dix livres, tant pour leurs appointemens esdites qualités, que pour leur tenir lieu de ceux de Capitaine ; & ce à commencer du premier mai prochain.

A l'égard du Major & de l'Aide-major entretenus dans chacun desdits régimens, ils seront payez, sçavoir, le Major à raison de six livres par jour, & l'Aide-major à raison de trois livres.

Pain de muni-tion aux Officiers des régimens de Grenadiers Royaux. Les Officiers desdits régimens auront la liberté de prendre le pain de munition suivant leur grade, proportionnément aux quantités réglées aux Officiers de l'Infanterie françoise, à la retenue de deux sols par ration, sur les appointemens ci-dessus réglez.

L'intention de Sa Majesté est qu'au moyen de la solde ci-dessus réglée, les Sergens, Caporaux, Anspessades, Grenadiers & Tambours, soient obligez de s'entretenir de linge & de chaussure.

Bataillons de Milice.

Compagnies de Fusiliers. Chacune des compagnies de Fusiliers des bataillons de Milice, que Sa Majesté jugera à propos de faire servir en campagne, commandée par un Capitaine & un Lieutenant, & composée de soixante-dix hommes, sera payée sur le pied de trois livres cinq sols par jour au Capitaine, & de vingt sols au Lieutenant.

Les Sergens, Caporaux, Anspessades, Fusiliers & Tambours, outre le pain de munition & la viande qui leur seront fournis, seront payez sur le pied par jour de cinq ſols à chacun des trois Sergens de chaque compagnie, trois ſols trois deniers à chacun des quatre Caporaux, trois ſols à chacun des quatre Anſpeſſades, deux ſols ſix deniers à chacun des cinquante-huit Fuſiliers, & quatre ſols au Tambour, ſur quoi il s'entretiendra de collier & de baguettes.

L'Etat-major deſdites bataillons ſera payé ſur le pied par jour de trente ſols au Lieutenant-colonel, & où il n'y en aura pas, au Capitaine-commandant de chaque bataillon, outre ſes appointemens de Capitaine, & cinquante ſols à l'Aide-major ; & lorſque ce dernier ſe trouvera avoir la commiſſion de Capitaine, ſes appointemens lui ſeront payez ſur le pied de trois livres par jour. *E'tat-major.*

Veut Sa Majeſté que les Capitaines & Lieutenans en ſecond qui ſe trouveront à la ſuite des premières compagnies deſdits bataillons, où ils ont été entretenus en conſéquence de l'ordonnance du 15 ſeptembre 1744, reçoivent, ſçavoir, le Capitaine trois livres par jour, & le Lieutenant vingt ſols. *Capitaines & Lieutenans en ſecond.*

Les Officiers deſdits bataillons auront la liberté de prendre le pain de munition ſuivant leur grade, proportionnément aux quantités réglées aux officiers de l'Infanterie françoiſe, à la retenue de deux ſols par ration ſur leurs appointemens. *Pain de munition aux Officiers de Fuſiliers de-Milice.*

L'intention de Sa Majeſté eſt qu'au moyen de la ſolde ci-deſſus, les Sergens, Caporaux, Anſpeſſades, Fuſiliers & Tambours, ſoient obligez de s'entretenir de linge & de chauſſure.

Le régiment Royal-Lorraine que Sa Majeſté a agréé par ordonnance du 30. janvier 1744. du conſentement du Roy Staniſlas de Pologne, Duc de Lorraine & de Bar, qu'il ſoit formé de trois bataillons, chacun de neuf compagnies, dont une de Grenadiers de cinquante hommes, & huit de Fuſiliers de ſoixante-quinze hommes chacune, tirez des neuf bataillons des Milices de Lorraine & de Bar, continuera d'être payé ſur le pied par jour, ſçavoir : *RÉGIMENT ROYAL-LORRAINE.*

Chaque compagnie de Grenadiers, de ſept livres au Capitaine, quatre livres au Capitaine en ſecond, quarante *Compagnies de Grenadiers.*

sols au Lieutenant en premier, trente-cinq sols au Lieutenant en second, douze sols à chacun des trois Sergens,
huit sols six deniers à chacun des trois Caporaux, sept sols
six deniers à chacun des trois Anspessades, & six sols six
deniers à chacun des quarante Grenadiers & au Tambour.

Compagnies de Fusiliers. Chaque compagnie de Fusiliers sera payée sur le pied
par jour, de six livres au Capitaine, trois livres dix sols
au Capitaine en second, trente-cinq sols au Lieutenant
en premier, trente sols au Lieutenant en second, onze
sols à chacun des quatre Sergens, sept sols six deniers à
chacun de six Caporaux, six sols six deniers à chacun des
six Anspessades, & cinq sols six deniers à chacun des cin-
quante-sept Fusiliers & deux Tambours.

Enseignes. Il sera payé aussi par jour trente sols à chacun des neuf
Enseignes qui seront dans les trois premières compagnies
de fusiliers desdits bataillons.

E'tat-major. L'Etat-major dudit régiment sera composé & payé;
sçavoir, six livres par jour au Colonel, quatre livres au
Lieutenant-Colonel, quarante sols à chacun des Commandans des deuxième & troisième bataillons, outre les
appointemens qu'ils touchent en qualité de Capitaine;
six livres au Major, trois livres dix sols à chacun des trois
Aide-majors, vingt sols au Maréchal-des-logis, dix sols
à l'Aumônier, pareille somme au Chirurgien, vingt-six
sols huit deniers au Prévôt, treize sols quatre deniers à
son Lieutenant, huit sols quatre deniers au Greffier, &
cinq sols à chacun des cinq archers & à l'exécuteur.

*Masse du régi-
ment Royal-
Lorraine.* Outre la solde ci-dessus, il sera fait un fonds pour la
Masse sur le pied complet, à raison de vingt deniers par
jour pour chaque Sergent, & de dix deniers pour chaque
Caporal, Anspessade, Grenadier, Fusilier & Tambour.

Ordonne Sa Majesté que quoique ce régiment doive
être à la paye de garnison toute l'année, il ait la faculté
en campagne, de prendre le pain de munition, aux retenues ordinaires sur la solde.

*Masse de l'In-
fanterie françoise* Sa Majesté ayant fait diminuer sur le fonds de l'usten-
sile du quartier d'hiver 1744 à 1745, ce qui servoit à
former

former pendant les campagnes précédentes la maſſe de *pendant la campagne.* l'Infanterie françoiſe, ſur le pied de vingt deniers par Sergent, ou maître Ouvrier qui en tient lieu dans les compagnes d'Ouvriers, & de dix deniers par chacun des Haute-payes, Soldats & Tambours; & voulant y ſuppléer pendant la préſente campagne, ſon intention eſt que du premier mai au dernier octobre 1745, le payement en ſoit fait aux troupes d'Infanterie françoiſe & walonne, aux bataillons du régiment Royal-Artillerie, & aux compagnies de Mineurs & d'Ouvriers pendant qu'elles ſeront à la ſolde de campagne, aux compagnies d'Infanterie du régiment de Graſſin, & aux compagnies franches d'Infanterie, même pour les ſurnuméraires entretenus dans le régiment d'Infanterie du Roy, dans la compagnie de Mineurs de Turmel, & dans celle d'Ouvriers de Guille : laquelle maſſe ſera toûjours complète pour chaque bataillon ou compagnie, ſans avoir égard aux hommes qui pourroient manquer; & le fonds en demeurera entre les mains du Tréſorier, qui en donnera ſa reconnoiſſance à la fin de chaque mois au Major ou Officier chargé du détail du régiment, bataillon ou compagnie, pour être ladite maſſe employée à l'habillement deſdites troupes, & remiſe ſur la main-levée des Directeurs ou Inſpecteurs généraux, ainſi qu'il ſe pratique lorſque ces troupes ſont en garniſon.

I V.

INFANTERIE ÉTRANGERE.

L E S compagnies des régimens Suiſſes & Griſons qui *S U I S S E S*
&
G R I S O N S.
Compagnies. ont été mis à la ſolde de guerre par ordonnances particulières des 10 juillet, 16 octobre 1742, 19 mars & 22 ſeptembre 1743, continueront de la recevoir juſqu'à ce que Sa Majeſté en ordonne autrement, ſur le pied de dix-ſept livres huit ſols par mois pour chaque homme & pour chacune des vingt-ſept payes de gratification que Sa Majeſté accorde au Capitaine ſa compagnie étant du nombre de cent ſoixante-ſix hommes & au deſſus, juſqu'à

cent soixante-quinze, les Officiers compris, dix-sept desdites payes lorsqu'elle sera de cent cinquante-cinq jusqu'à
cent soixante-cinq, seize depuis cent quarante-cinq jusqu'à
cent cinquante-quatre inclusivement ; & s'il arrivoit que
la compagnie se trouvât au dessous de cent quarante-cinq
hommes, elle ne sera payée que pour les effectifs, sans
payes de gratification au Capitaine : Sur laquelle solde il
leur sera retenu deux sols pour chacune des rations de
pain qui seront fournies auxdites compagnies, suivant les
revûes des Commissaires des guerres préposez à cet effet.

Etat-major.   L'Etat-major de chacun desdits régimens Suisses &
Grisons, continuera à être payé en conséquence des ordonnances ci-dessus, à raison de dix-neuf cens soixante
livres huit sols par mois.

Les Officiers entretenus à la suite desdits régimens,
continueront à recevoir leurs appointemens en conformité de l'ordonnance du premier novembre 1744 & de
l'état y joint, en passant présens aux revûes des Commissaires des guerres.

ALLEMANDS.   Les vingt-quatre compagnies qui composent les quatre
bataillons du régiment d'Alsace, & les dix-huit compagnies
des trois bataillons de chacun des régimens d'Infanterie
allemande de Saxe, la Marck, Royal-Suédois, Royal-
Bavière & Lowendal, de cent dix hommes chacune, &
les Etats-majors desdits régimens, seront payez de leur
solde en campagne sur le pied de celle qui leur est réglée
par l'ordonnance du premier novembre 1744 ; sur laquelle solde il sera déduit à chaque compagnie, deux
sols par ration de pain qui leur sera fournie pendant la
campagne seulement, sans que les Officiers soient obligez
d'en prendre.

Colonels &
Lieutenans-colo-
nels réformez.   Les Colonels & Lieutenans-colonels réformez, entretenus à la suite desdits régimens, seront payez sur le pied
chacun de cent trente-six livres dix-sept sols six deniers
par mois, à l'exception de ceux auxquels il a été expédié
des ordres par lesquels il leur est réglé un traitement particulier, dont ils continueront de jouir.

A l'égard des Capitaines & Lieutenans réformez, entretenus à la fuite defdits régimens, ils continueront d'être
payez en conformité de l'ordonnance du premier mai
1737 & de l'état y joint.

Le régiment d'Infanterie étrangère levé par le Baron
de Bergh dans le pays de Bergues & de Julliers, en
vertu de l'ordonnance du 12 août 1744, compofé d'un
bataillon de fix compagnies de cent dix hommes chacune
fans les Officiers, continuera d'être payé de fa folde fur
le pied réglé par l'ordonnance du premier novembre
1744.

Le régiment Royal-Italien, compofé de douze compagnies de cinquante hommes chacune, fera payé lorfqu'il
fervira en campagne, fçavoir, la compagnie de Grenadiers
fur le pied de trois livres par jour au Capitaine, trente-deux
fols au Lieutenant, vingt fols au Sous-lieutenant, huit fols
fix deniers à chacun des trois Sergens, fix fols à chacun
des trois Caporaux, cinq fols à chacun des cinq Anfpeffades & un Tambour, & quatre fols à chacun des trente-
huit Grenadiers : le Capitaine aura en outre fept payes
de gratification de quatre fols chacune, lorfque fa compagnie fera au complet de cinquante hommes, cinq lorfqu'elle fe trouvera à quarante-cinq, quarante-fix, quarante-fept, quarante-huit & quarante-neuf ; & trois defdites
payes à quarante - deux, quarante - trois & quarante-
quatre hommes, n'en pouvant prétendre aucune fa compagnie étant au deffous du nombre de quarante - deux
hommes.

Chacune des onze compagnies de Fufiliers dudit régiment, fera payée fur le pied par jour de cinquante fols
au Capitaine, vingt fols au Lieutenant, quinze fols à l'Enfeigne, huit fols à chacun des trois Sergens, cinq fols dix
deniers à chacun des trois Caporaux, quatre fols fix deniers à chacun des cinq Anfpeffades & un Tambour, trois
fols neuf deniers à chacun des dix Appointés, & trois fols
fix deniers à chacun des vingt-huit Fufiliers : le Capitaine
aura en outre fept payes de gratification, de trois fols fix

Marginal notes:

Capitaines & Lieutenans réformez.

RÉGIMENT d'INFANTERIE ÉTRANGÉRE DE BERGH.

RÉGIMENT ROYAL-ITALIEN.
Compagnie de Grenadiers.

Compagnies de Fufiliers.

deniers chacune, sa compagnie étant à quarante-huit, quarante-neuf & cinquante hommes, cinq lorsqu'elle sera à quarante-cinq, quarante-six & quarante-sept; trois desdites payes lorsqu'elle se trouvera à quarante-deux, quarante-trois & quarante-quatre hommes, n'en pouvant prétendre aucune sa compagnie étant au dessous du nombre de quarante-deux hommes.

E'tat - major & Prévôté du régiment Royal-Italien.

L'Etat-major & Prévôté dudit régiment sera payé en campagne sur le pied par jour de huit livres six sols huit deniers au Colonel, quarante sols au Lieutenant-colonel, outre leurs appointemens de Capitaine, cinq livres au Major, pareilles cinq livres à l'Interprète, trente sols à l'Aide-major, quinze sols au Maréchal-des-logis, vingt sols à l'Aumônier, sept sols six deniers au Chirurgien, vingt sols au Prévôt, dix sols à son Lieutenant, six sols trois deniers au Greffier, quatre sols deux deniers à chacun des cinq archers & à l'exécuteur de justice, & cinq sols au Tambour-major.

Officiers réformez du régiment Royal-Italien.

Les Officiers réformez entretenus à la suite dudit régiment, seront payez sur le pied par jour de trois livres à chaque Colonel, quarante sols à chaque Lieutenant-colonel, vingt-cinq sols à chaque Capitaine, & quinze sols à chaque Lieutenant.

RÉGIMENT ROYAL-CORSE.

Compagnie de Grenadiers.

Le régiment Royal-Corse, composé de douze compagnies de cinquante hommes chacune, sera payé lorsqu'il servira en campagne, sçavoir, la compagnie de Grenadiers sur le pied par jour de trois livres au Capitaine, trente-deux sols au Lieutenant, vingt sols au Sous-lieutenant, huit sols six deniers à chacun des deux Sergens, six sols à chacun des trois Caporaux, cinq sols à chacun des cinq Anspessades & un Tambour, & quatre sols à chacun des trente-neuf Grenadiers: le Capitaine aura en outre cinq payes de gratification, de quatre sols chacune, sa compagnie étant au complet de cinquante hommes, quatre à quarante-cinq, quarante-six, quarante-sept, quarante-huit & quarante-neuf; trois desdites payes à quarante, quarante-un, quarante-deux, quarante-trois

& quarante-

& quarante-quatre, & rien au deſſous du nombre de quarante hommes.

Chacune des onze compagnies de Fuſiliers dudit régi- *Compagnies de Fuſiliers.*
ment, ſera payée ſur le pied par jour de cinquante ſols
au Capitaine, vingt ſols au Lieutenant, quinze ſols à
l'Enſeigne, huit ſols à chacun des deux Sergens, cinq ſols
dix deniers à chacun des trois Caporaux, quatre ſols ſix
deniers à chacun des cinq Anſpeſſades & un Tambour,
trois ſols neuf deniers à chacun des dix Appointés, & trois
ſols ſix deniers à chacun des vingt-neuf Fuſiliers: le Capitaine recevra en outre cinq payes de gratification, de
trois ſols ſix deniers chacune, ſa compagnie étant à quarante-ſix, quarante-ſept, quarante-huit, quarante-neuf &
cinquante hommes; quatre à quarante-cinq, trois deſdites
payes à quarante, quarante-un, quarante-deux, quarante-
trois & quarante-quatre hommes, & rien au deſſous du
nombre de quarante hommes.

L'Etat-major dudit régiment ſervant en campagne, *E'tat-major du régiment Royal-Corſe, ſans Prévôté.*
ſera payé ſur le pied par jour de huit livres ſix ſols huit
deniers au Colonel, trente ſols au Lieutenant-colonel,
outre leurs appointemens de Capitaine, quatre livres au
Major, trente ſols à l'Aide-major, quinze ſols au Maréchal-des-logis, vingt ſols à l'Aumônier, ſept ſols ſix deniers
au Chirurgien, & cinq ſols au Tambour-major.

Les Officiers réformez que Sa Majeſté jugera à pro- *Officiers réformez du régiment Royal-Corſe.*
pos d'entretenir à la ſuite dudit régiment, ſeront payez
de leurs appointemens ſur le pied par jour de trois livres
à chaque Colonel, quarante ſols à chaque Lieutenant-
colonel, vingt-cinq ſols à chaque Capitaine, & quinze
ſols à chaque Lieutenant.

Les régimens Irlandois de Bulkeley, Clare & Dillon, IRLANDOIS.
ſervant en campagne, compoſez chacun d'un bataillon, *BULKELEY, CLARE & DILLON.*
réduit à treize compagnies en conſéquence de l'ordon-
nance du premier octobre 1744, dont une de Grenadiers de quarante-cinq hommes, & douze de Fuſiliers de
cinquante hommes chacune, ſans les Officiers, ſeront
payez, ſçavoir:

F

<table>
<tr><td>Compagnie
de Grenadiers.</td><td>La compagnie de Grenadiers de quarante-cinq hommes, sur le pied par jour de trois livres au Capitaine en pied, cinquante sols au Capitaine réformé, trente-cinq sols au Lieutenant en pied, dix-huit sols au Lieutenant réformé, dix sols à chacun des deux Sergens, sept sols à chacun des trois Caporaux, six sols six deniers à chacun des trois Anspessades, & six sols à chacun des trente-six Grenadiers & au Tambour : Le Capitaine recevra de plus trois payes de gratification de six sols chacune, sa compagnie étant à quarante-cinq & quarante-quatre hommes, deux desdites payes la compagnie étant à quarante-un, quarante-deux & quarante-trois hommes, une seulement lorsqu'elle ne sera qu'à quarante, & rien au dessous dudit nombre de quarante hommes.</td></tr>
<tr><td>Compagnies
de Fusiliers.</td><td>Chacune des douze compagnies de Fusiliers, de cinquante hommes chacune, sera payée sur le pied par jour de cinquante sols au Capitaine en pied, pareils cinquante sols au Capitaine réformé, vingt-deux sols six deniers au Lieutenant en pied, dix-huit sols au Lieutenant réformé, neuf sols à chacun des deux Sergens, six sols six deniers à chacun des trois Caporaux, six sols à chacun des trois Anspessades, & cinq sols six deniers à chacun des quarante-un Fusiliers & au Tambour : Le Capitaine recevra de plus quatre payes de gratification de cinq sols six deniers chacune, sa compagnie étant à quarante-huit, quarante-neuf & cinquante, trois à quarante-six & quarante-sept, deux à quarante-quatre & quarante-cinq, une seulement à quarante-deux & quarante-trois, & rien au dessous du nombre de quarante-deux hommes.</td></tr>
<tr><td>Cadets.</td><td>Les seize Cadets qui doivent être entretenus dans la compagnie Colonelle de chaque régiment, qui tiendront lieu de pareil nombre de Soldats, seront payez sur le pied de dix sols chacun par jour.</td></tr>
<tr><td>Enseignes.</td><td>Outre les Officiers ci-dessus, l'Enseigne qui est en chacune des compagnies Colonelle & Lieutenante-colonelle desdits régimens, recevra dix-huit sols par jour.</td></tr>
<tr><td>Etat-major.</td><td>L'Etat-major de chacun desdits régimens sera payé à</td></tr>
</table>

raifon de fix livres treize fols quatre deniers par jour au Colonel, vingt-deux fols fix deniers au Lieutenant-colonel, outre leurs appointemens de Capitaine, trois livres fix fols huit deniers au Major, cinq livres à l'Interprète, trente fols à l'Aide-major, vingt fols à l'Aumônier, & quinze fols à chacun des Chirurgien & Maréchal-des-logis.

Les Officiers réformez entretenus à la fuite defdits ré- *Officiers réformez à la fuite des trois régimens.* gimens, feront payez fur le pied par jour de trois livres dix fols à chaque Colonel ou Lieutenant-colonel, cinquante fols à chaque Capitaine, & dix-huit fols à chaque Lieutenant.

Les régimens Irlandois de Roth & Berwick, compofez *ROTH, BERWICK & LALLY.* chacun d'un bataillon, réduit à treize compagnies en conféquence de l'ordonnance du premier octobre 1744, dont une de Grenadiers de quarante-cinq hommes, & douze de Fufiliers de cinquante hommes chacune, fans les Officiers; & le régiment Irlandois de Lally levé en conféquence de ladite ordonnance, de la même compofition que lefdits deux régimens, & entretenu avec pareil traitement, feront payez, fçavoir,

La compagnie de Grenadiers fur le pied par jour de *Compagnie de Grenadiers.* quarante-fept fols fix deniers au Capitaine en pied, trente-fept fols fix deniers au Capitaine réformé, vingt-cinq fols fix deniers au Lieutenant en pied, feize fols trois deniers au Lieutenant réformé, dix fols à chacun des deux Sergens, fept fols à chacun des trois Caporaux, fix fols fix deniers à chacun des trois Anfpeffades, & fix fols à chacun des trente-fix Grenadiers & au Tambour : le Capitaine recevra de plus trois payes de gratification, de fix fols chacune, fa compagnie étant à quarante-cinq & quarante-quatre hommes, deux defdites payes la compagnie étant à quarante-un, quarante-deux & quarante-trois hommes, une feulement lorfqu'elle ne fera qu'à quarante, & rien au deffous dudit nombre de quarante hommes.

Chacune des douze compagnies de Fufiliers fera payée *Compagnies de Fufiliers.* fur le pied par jour de trente-fept fols fix deniers au Capitaine en pied, pareils trente-fept fols fix deniers au

Capitaine réformé, feize fols trois deniers au Lieutenant en pied, pareils feize fols trois deniers au Lieutenant réformé, neuf fols à chacun des deux Sergens, fix fols fix deniers à chacun des trois Caporaux, fix fols à chacun des trois Anfpeffades, & cinq fols fix deniers à chacun des quarante-un Fufiliers & au Tambour : le Capitaine recevra de plus quatre payes de gratification de cinq fols fix deniers chacune, fa compagnie étant à quarante-huit, quarante-neuf & cinquante, trois à quarante-fix & quarante-fept, deux à quarante-quatre & quarante-cinq, une feulement à quarante-deux & quarante-trois, & rien au deffous du nombre de quarante-deux hommes.

Cadets. Les feize Cadets qui doivent être entretenus dans la compagnie Colonelle de chaque régiment, qui tiendront lieu de pareil nombre de Soldats, feront payez fur le pied de dix fols chacun par jour.

Enfeignes. Outre les Officiers ci-deffus, l'Enfeigne qui eft en chacune des compagnies Colonelle & Lieutenante-colonelle defdits régimens, fera payé fur le pied de douze fols neuf deniers par jour.

Etat-major & Prévôté. L'Etat-major de chacun defdits régimens fera payé fur le pied par jour de trois livres quinze fols au Colonel, feize fols trois deniers au Lieutenant-colonel, outre leurs appointemens de Capitaine; quarante-cinq fols dix deniers au Major, vingt-trois fols quatre deniers à l'Aide-major, douze fols fix deniers à chacun des Maréchal-des-logis & Aumônier, dix fols au Chirurgien, treize fols quatre deniers au Prevôt, fix fols huit deniers à fon Lieutenant, quatre fols deux deniers au Greffier, & deux fols fix deniers à chacun des cinq Archers & à l'exécuteur de juftice.

Officiers réformez à la fuite de ces trois régimens Les Officiers réformez entretenus à la fuite defdits régimens, feront payez comme les Officiers en pied, fur le pied par jour de trente-fept fols fix deniers à chaque Capitaine, & feize fols trois deniers à chaque Lieutenant.

RÉGIMENT de ROYAL-ECOSSOIS. Le régiment d'Infanterie Royal-Ecoffois, levé par Milord Drummond de Perth, compofé d'un bataillon de douze compagnies, dont une de Grenadiers & onze

de

de Fuſiliers, de cinquante-cinq hommes chacune ſans les Officiers, ſera payée, ſçavoir,

La compagnie de Grenadiers ſur le pied par jour de trois livres au Capitaine en pied, cinquante ſols au Capitaine réformé, trente-cinq ſols au Lieutenant en pied, dix-huit ſols au Lieutenant réformé, dix ſols à chacun des deux Sergens, ſept ſols à chacun des trois Caporaux, ſix ſols ſix deniers à chacun des trois Anſpeſſades, & ſix ſols à chacun des quarante-ſix Grenadiers & un Tambour : le Capitaine recevra de plus cinq payes de gratification, de ſix ſols chacune, lorſque ſa compagnie ſe trouvera de cinquante-cinq hommes, quatre deſdites payes lorſqu'elle ſera à cinquante-trois & cinquante-quatre hommes, trois à cinquante, cinquante-un & cinquante-deux, deux à quarante-huit & quarante-neuf, & une à quarante-cinq, quarante-ſix & quarante-ſept hommes ; le Capitaine n'en pouvant prétendre aucune ſa compagnie étant au deſſous dudit nombre de quarante-cinq hommes.

Chacune des onze compagnies de Fuſiliers ſera payée ſur le pied par jour de cinquante ſols au Capitaine en pied, pareils cinquante ſols au Capitaine réformé, vingt-deux ſols ſix deniers au Lieutenant en pied, dix-huit ſols au Lieutenant réformé, neuf ſols à chacun des deux Sergens, ſix ſols ſix deniers à chacun des trois Caporaux, ſix ſols à chacun des trois Anſpeſſades, & cinq ſols ſix deniers à chacun des quarante-ſix Fuſiliers & un Tambour : le Capitaine recevra de plus cinq payes de gratification, de cinq ſols ſix deniers chacune, lorſque ſa compagnie ſe trouvera de cinquante-cinq hommes, quatre deſdites payes lorſqu'elle ſera à cinquante-trois & cinquante-quatre hommes, trois à cinquante, cinquante-un & cinquante-deux, deux à quarante-huit & quarante-neuf, & une à quarante-cinq, quarante-ſix & quarante-ſept hommes ; le Capitaine n'en pouvant prétendre aucune ſa compagnie étant au deſſous dudit nombre de quarante-cinq hommes.

Les Officiers de l'Etat-major ſeront payez ſur le pied par jour de ſix livres treize ſols quatre deniers au Colonel,

Compagnie de Grenadiers.

Compagnies de Fuſiliers.

E'tat-major.

vingt-deux sols six deniers au Lieutenant-colonel, outre
leurs appointemens de Capitaine; trois livres six sols huit
deniers au Major, cinq livres à l'Interprète, trente sols à
l'Aide-major, vingt sols à l'Aumônier, & quinze sols à
chacun des Chirurgien & Maréchal-des-logis.

V.

GENDARMERIE.

GARDES-
DU-CORPS
DU ROY.

LES compagnies des Gardes du Corps de Sa Majesté,
outre le pain & le fourrage qui leur seront fournis, seront
payées pendant qu'elles serviront en campagne, sur le
pied par jour de quatre livres dix sols à chaque Lieutenant,
trois livres à chaque Enseigne, trente sols à chaque Exempt
& Aide-major, vingt sols à chaque Brigadier, dix-sept sols
six deniers à chaque Sous-brigadier, quinze sols à chaque
Garde, Trompette & Timbalier, quarante sols à chaque
Aumônier, & vingt sols à chaque Chirurgien.

GRENADIERS
A CHEVAL.

La compagnie de Grenadiers à cheval de Sa Majesté,
de cent cinquante Grenadiers, outre le pain & le fourrage
qui lui seront fournis, sera payée sur le pied par jour de
vingt-sept sols au Capitaine-lieutenant, dix-huit sols à
chacun des trois Lieutenans, treize sols six deniers à chacun
des trois Sous-lieutenans, neuf sols à chacun des trois
Maréchaux-des-logis, sept sols à chacun des six Sergens,
pareils sept sols à chacun des trois Brigadiers, & six Sous-
brigadiers, six sols à chacun des six Appointés & au Porte-
étendard, cinq sols six deniers à chacun des cent vingt-
quatre Grenadiers & quatre Tambours, & quarante sols à
l'Aumônier,

GENDARMES
&
CHEVAUX-
LÉGERS
DE LA GARDE
DU ROY.

La Cornette de chacune des compagnies de Gendarmes
& de Chevaux-légers de la garde de Sa Majesté, outre le
pain & le fourrage qui lui seront fournis, sera payée sur
le pied par jour de quinze sols à chaque Brigadier, Sous-
brigadier, Gendarme, Chevau-léger, Trompette & Timbalier, vingt sols à l'Aumônier, & dix sols à chacun des
petits Officiers de chaque compagnie servant à ladite

Cornette, les Officiers desdites compagnies continueront à
être payez avec le guet, de leurs appointemens ordinaires.

Les détachemens des deux compagnies de Mousque-
taires, outre le pain & le fourrage qui leur seront fournis,
seront payez sur le pied par jour, de vingt-trois sols à
chaque Brigadier, dix-neuf sols à chaque Sous-brigadier,
quinze sols à chaque Mousquetaire, vingt sols à l'Aumônier, douze sols à chaque Tambour, Chirurgien, Apo-
thicaire, Fourrier, Sellier & Maréchal-ferrant, & cinquante
sols à chaque Joueur de hautbois; Sa Majesté faisant payer
d'ailleurs les Officiers de ces compagnies qui commandent
lesdits détachemens.

MOUSQUE-
TAIRES
DE LA GARDE
DU ROY.

Les Grands Officiers des dix compagnies de Gendarmes
de la Gendarmerie, continueront à être payez suivant les
états que Sa Majesté fera expédier; & les Maréchaux-des-
logis, Brigadiers, Sous-brigadiers, Porte-étendards, Gendarmes, Trompettes & Timbaliers, sur le même pied de
ceux des compagnies de Chevaux-légers, ainsi qu'il est
ci-après expliqué.

GENDARMERIE.
Grands Officiers
des compagnies
de Gendarmes.

Chacune des six compagnies de Chevaux-légers de
ladite Gendarmerie, composée d'un Capitaine-lieutenant,
un Sous-lieutenant, deux Cornettes, quatre Maréchaux-
des-logis, deux Brigadiers, deux Sous-brigadiers, un Porte-
étendard, soixante-dix Chevaux-légers & deux Trompettes,
outre le pain & le fourrage qui lui seront fournis, sera
payée sur le pied par jour de quarante-cinq sols au Capitaine-lieutenant, dix-huit sols au Sous-lieutenant, treize
sols six deniers à chaque Cornette, neuf sols à chaque
Maréchal-des-logis, six sols à chaque Brigadier & Sous-
brigadier, cinq sols au Porte-étendard, quatre sols six deniers à chaque Chevau-léger, & cinq sols six deniers à
chaque Trompette.

Compagnies de
Chevaux-légers.

Il sera payé aussi par jour cinq sols six deniers à chacun des huit Timbaliers entretenus dans les huit premières
compagnies, & trente sols à chacun des deux Aumôniers
qui sont avec lesdites compagnies de Gendarmes & de
Chevaux-légers.

Aumôniers
& Timbaliers.

Etat-major. Les Officiers de l'Etat-major de ladite Gendarmerie, étant payez de leurs appointemens à l'Ordinaire des guerres, il n'en sera point fait ici mention.

V I.

CAVALERIE, CARABINIERS, HUSSARDS

ET DRAGONS.

CAVALERIE.
Compagnies.

CHAQUE compagnie des régimens de Cavalerie françoise servant dans les armées, composée de trente-cinq Maîtres, sera payée sur le pied par jour de dix-huit sols au Capitaine, douze sols au Lieutenant, six sols au Maréchal-des-logis, trois sols six deniers à chacun des deux Brigadiers, & trois sols à chacun des trente-trois Cavaliers, y compris le Trompette & le Timbalier où il doit y en avoir.

Sous-lieutenant
& Cornettes
dans la compa-
gnie du Colonel
général, & dans
celles des Meftre-
de-Camp géné-
ral & Commif-
faire général de
la Cavalerie.

Le Sous-lieutenant qui est dans la compagnie Colonelle du régiment du Colonel-général de la Cavalerie, le Cornette blanc qui est dans ladite compagnie, & le Cornette qui est en chacune des compagnies Meftre-de-camp des régimens du Meftre-de-camp-général & du Commiffaire-général de la Cavalerie, recevront, fçavoir, le Sous-lieutenant douze sols par jour, le Cornette blanc & chacun des deux autres, neuf sols aussi par jour.

Cornettes de
Cavalerie fran-
çoise.

Les deux Cornettes avec appointemens, que Sa Majesté a confervez par escadron en chacun des régimens de ses troupes de Cavalerie françoise, & les deux cens quatre-vingt-huit Cornettes établis dans pareil nombre de compagnies mifes fur pied par les ordonnances du 16. décembre 1742. & premier juillet 1743. seront payez en campagne fur le pied de neuf sols chacun par jour.

Etat-major
de Cavalerie
françoise.

Il fera payé pour l'Etat-major de chacun desdits régimens de Cavalerie françoise, dix-huit sols par jour au Meftre-de-camp, douze sols au Lieutenant-colonel, outre leurs appointemens de Capitaine, dix-huit sols au Major, douze sols à l'Aide-major, & neuf sols à chacun des Aumônier & Chirurgien.

Chacun

Chacun des Officiers réformez qui servent à la suite *Officiers réformez.* desdits régimens, sera payé sur le pied par jour de trente-cinq sols au Mestre-de-camp, vingt-cinq sols au Lieutenant-colonel, quinze sols au Capitaine, & dix sols au Lieutenant réformé.

Chacune des quarante compagnies de trente-cinq *CARABINIERS. Compagnies.* Maîtres, qui composent les cinq brigades du régiment Royal-des-Carabiniers, sera payée sur le pied par jour de vingt-deux sols au Capitaine, quinze sols au Lieutenant, huit sols au Maréchal-des-logis, quatre sols six deniers à chacun des deux Brigadiers, & quatre sols à chacun des trente-trois Carabiniers, compris le Trompette & le Timbalier où il doit y en avoir.

Les vingt Cornettes avec appointemens, que Sa Majesté *Cornettes.* a conservez dans lesdites cinq brigades, seront payez sur le pied de douze sols à chacun par jour.

L'Etat-major dudit régiment sera payé sur le pied de *E'tat-major.* vingt-deux sols par jour pour les appointemens de Monsieur le Prince de Dombes Mestre-de-camp-lieutenant, pareils vingt-deux sols pour chacun des Mestres-de-camp qui servent sous lui à la tête des cinq brigades dudit régiment, outre leurs appointemens de Capitaine, quatorze sols à chaque Lieutenant-colonel, aussi outre l'appointement de Capitaine, vingt-deux sols à chaque Major, quinze sols à chaque Aide-major, & dix sols à chaque Aumônier & Chirurgien.

Le régiment de Cavalerie Irlandoise de Filtzjames, qui *FILTZJAMES.* étoit composé de seize compagnies, & qui a été réduit *Compagnies,* par ordonnance du 23 avril 1745, à douze compagnies de quarante-six Maîtres chacune, sera payé sur le pied par jour de cinquante sols au Capitaine de chaque compagnie, vingt-cinq sols au Lieutenant, treize sols quatre deniers au Maréchal-des-logis, six sols à chacun des deux Brigadiers, & cinq sols six deniers à chacun des quarante-quatre Cavaliers, y compris le Trompette & le Timbalier où il doit y en avoir.

Il sera payé à chacun des dix Cornettes servant dans *Cornettes.*

H

ledit régiment, dix-huit fols neuf deniers chacun par jour.

Comme il fe trouve, au moyen de la réduction des compagnies dudit régiment, quatre Maréchaux-des-logis réformez, Sa Majefté veut bien leur continuer les treize fols quatre deniers par jour qu'ils avoient ci-devant aux compagnies où ils étoient attachez, en paffant préfens aux revûes, jufqu'à leur remplacement aux premières places vacantes.

Maréchaux-des-logis réformez.

L'Etat-major dudit régiment fera payé fur le pied par jour de vingt-deux fols trois deniers au Meftre-de-camp, feize fols huit deniers au Lieutenant-colonel, outre leurs appointemens de Capitaine; trois livres au Major, trente fols à l'Aide-major, quinze fols à l'Aumônier, & fept fols au Chirurgien.

Etat-major.

Les Officiers réformez qui fervent à la fuite dudit régiment, feront payez fur le pied par jour de trois livres un fol à chaque Meftre-de-camp, cinquante-huit fols quatre deniers à chaque Lieutenant-colonel, quarante fols à chaque Capitaine, & dix-neuf fols fix deniers à chaque Lieutenant réformé.

Officiers réformez.

Le régiment Royal-Allemand, qui étoit compofé de feize compagnies, & qui a été porté au nombre de dix-huit de cinquante Maîtres chacune, par ordonnance du 16 octobre 1744, fera payé fur le pied par jour de trois livres au Capitaine, trente fols au Lieutenant, quinze fols au Maréchal-des-logis, quatre fols fix deniers à chacun des trois Brigadiers, & trois fols fix deniers à chacun des quarante-fept Cavaliers, y compris les Cadets, Trompettes & Timbalier : il fera de plus payé fix deniers par jour à chaque Cadet qui paffera en revûe dans le nombre defdits Cavaliers, fur le certificat du Commandant du régiment.

ROYAL-ALLEMAND.

Cadets.

L'Etat-major dudit régiment fera payé fur le pied par jour, de trois livres fix fols huit deniers au Meftre-de-camp, cinquante fols à chacun des deux Lieutenans-colonels, outre leurs appointemens de Capitaine, quatre livres trois fols quatre deniers à chacun des deux Majors, vingt-fix fols huit deniers à chacun des deux Aide-majors,

Etat-major.

treize fols quatre deniers au Maréchal-des-logis, feize fols huit deniers au Prévôt, treize fols quatre deniers à fon Lieutenant, dix fols au Greffier, treize fols quatre deniers à chacun des Aumônier & Chirurgien, & fept fols fix deniers à chacun des quatre archers & à un exécuteur de juftice.

Il fera payé aux Officiers réformez fervant à la fuite dudit régiment, trois livres par jour à chaque Meftre-de-camp & Lieutenant-colonel, trente fols à chaque Capitaine, & quatorze fols à chaque Lieutenant. *Officiers réformez.*

Le régiment de Cavalerie allemande de Rofen, qui étoit compofé de feize compagnies, & qui a été porté au nombre de dix-huit de cinquante Maîtres chacune, par ordonnance du 16 octobre 1744, fera payé fur le pied par jour de trois livres au Capitaine de chaque compagnie, trente fols au Lieutenant, treize fols quatre deniers au Maréchal-des-logis, quatre fols à chacun des trois Brigadiers, & trois fols fix deniers à chacun des quarante-fept Cavaliers, compris le Trompette & le Timbalier. *Rosen. Compagnies.*

L'Etat-major dudit régiment, fera payé fur le pied par jour de trois livres fix fols huit deniers au Meftre-de-camp, quarante fols au Lieutenant-colonel, outre leurs appointemens de Capitaine, cinq livres dix fols au Major, trois livres à l'Aide-major, treize fols quatre deniers à chacun des Aumônier, Chirurgien & Auditeur, & fept fols fix deniers à chacun des Greffier, trois archers & un exécuteur. *Etat-major.*

Les Officiers réformez fervant à la fuite dudit régiment, feront payez fur le même pied de ceux qui font à la fuite du régiment Royal-Allemand. *Officiers réformez.*

Les deux Cornettes avec appointemens, que Sa Majefté a confervez par efcadron en chacun des régimens Royal-Allemand & de Rofen, & les douze établis dans pareil nombre de compagnies mifes fur pied dans les deux régimens par ordonnances des 16 décembre 1742, premier juillet 1743, & 16 octobre 1744, feront payez fur le pied de vingt-deux fols fix deniers par jour chacun. *Cornettes des régimens Royal-Allemand & Rofen.*

NASSAU.
Compagnies.

Le régiment de Cavalerie Allemande levé par le Prince de Naſſau Saarbruck, en vertu de l'ordonnance du 16 octobre 1744, compoſé de douze compagnies de cinquante Maîtres chacune, ſera payé, ſçavoir, chaque compagnie ſur le pied par jour de trois livres au Capitaine, trente ſols au Lieutenant, vingt-deux ſols ſix deniers au Cornette, treize ſols quatre deniers au Maréchal-des-logis, quatre ſols à chacun des trois Brigadiers, & trois ſols ſix deniers à chacun des quarante-ſept Cavaliers, compris le Trompette & le Timbalier qui eſt dans la compagnie Meſtre-de-camp.

E'tat-major.

L'Etat-major dudit régiment, ſera payé ſur le pied par jour de trente-trois ſols quatre deniers au Meſtre-de-camp, vingt ſols au Lieutenant-colonel, outre leurs appointemens de Capitaine, trois livres ſix ſols huit deniers au Major, vingt-ſix ſols huit deniers à l'Aide-major, qui ne pourra avoir d'autre charge dans le régiment, & neuf ſols à chacun des Aumônier & Chirurgien.

HUSSARDS.
Compagnies.

Chaque compagnie des régimens Huſſards de Berchiny, David, d'Apremont-Linden, de Beauſobre, de Rougrave & de Pollereczky, compoſée de cinquante Maîtres, ſera payée ſur le pied par jour de trois livres au Capitaine, trente ſols au Lieutenant, vingt-deux ſols ſix deniers au Cornette, treize ſols quatre deniers au Maréchal-des-logis, quatre ſols ſix deniers à chacun des trois Brigadiers, & trois ſols ſix deniers à chacun des quarante-ſept Huſſards, compris le Trompette & le Timbalier.

E'tat-major.

L'Etat-major de chacun deſdits régimens ſera payé ſur le pied par jour, de trente-trois ſols quatre deniers au Meſtre-de-camp, vingt ſols au Lieutenant-colonel, outre leurs appointemens de Capitaine, quatre livres cinq ſols au Major, trente ſols à l'Aide-major, & neuf ſols à chacun des Aumônier & Chirurgien.

Officiers
réformez.

Les Officiers réformez entretenus à la ſuite deſdits régimens, recevront le même traitement que ceux du régiment Royal-Allemand.

DRAGONS.

Les compagnies des régimens de Dragons, compoſées de

de cinquante hommes chacune, feront payées, étant en campagne, fur le pied par jour de quinze fols au Capitaine, dix fols au Lieutenant, fix fols au Cornette, cinq fols au Maréchal-des-logis, trois fols à chaque Brigadier, & deux fols fix deniers à chaque Dragon & Tambour.

Compagnies.

Le fecond Lieutenant, le Sous-lieutenant & le Cornette, entretenus dans la compagnie générale du régiment du Colonel général des Dragons, & le fecond Lieutenant & le Cornette qui font dans la compagnie Meftre-de-camp du régiment du Meftre-de-camp général des Dragons, feront payez fur le pied par jour de dix fols à chaque fecond Lieutenant, huit fols au Sous-lieutenant, & fix fols à chaque Cornette : Entendant Sa Majefté que les charges de fecond Lieutenant dans lefdites compagnies, ne foient point remplacées lorfqu'elles viendront à vaquer.

Seconds Lieutenans, Sous-lieutenans & Cornettes, dans les compagnies générale & Meftre-de-camp général des Dragons.

L'Etat-major defdits régimens de Dragons, fera payé fur le pied par jour de trois livres quinze fols auMeftre-de-camp, outre fes appointemens de Capitaine, quinze fols au Major, dix fols à l'Aide-major, & neuf fols à l'Aumônier.

E'tat-major.

Les Officiers réformez qui fervent à la fuite des régimens de Dragons, feront payez fur le pied par jour de trente-cinq fols au Meftre-de-camp, vingt-cinq fols au Lieutenant-colonel, douze fols au Capitaine, & huit fols au Lieutenant.

Officiers réformez de Dragons.

Chacune des compagnies franches de Dragons de Limoges, de Mandre, la Croix, Godernaux, Jacob & Galhau, compofées de cent cinquante Dragons montez, continuera de recevoir la folde réglée pour lefdites compagnies franches de Dragons, par l'ordonnance du premier novembre 1744, fur laquelle il fera retenu deux fols pour chaque ration de pain fournie aux Brigadiers, Dragons & Tambours feulement; les Officiers n'en devant point avoir, fi ce n'eft en le payant au prix de Sa Majefté.

Compagnies franches de Dragons.

Compagnies de Limoges, Mandre, la Croix, Godernaux, Jacob & Galhau.

La compagnie franche de Sinceny, compofée de quatre-vingts Dragons montez, continuera auffi de recevoir la folde qui lui eft réglée par ladite ordonnance du premier novembre 1744, fur laquelle il fera retenu deux fols pour chaque ration de pain fournie aux Brigadiers, Dragons & Tambours feulement; les Officiers n'en devant

Compagnie franche de Dragons de Sinceny.

point avoir, fi ce n'eft en le payant au prix de Sa Majefté.

La compagnie franche de Dragons de Zoller, levée en vertu de l'ordonnance du 10 juin 1744, compofée de cent Dragons montez, continuera pareillement de recevoir la folde qui lui eft réglée par ladite ordonnance du premier novembre 1744, fur laquelle il fera auffi retenu deux fols pour chaque ration de pain fournie aux Brigadiers, Dragons & Tambours feulement; les Officiers n'en devant point avoir, fi ce n'eft en le payant au prix de Sa Majefté.

La compagnie franche de Huffards Hongrois de Goengoëfy, compofée de cinquante hommes, que le Roy a prife à fon fervice par ordonnance du premier avril 1744, continuera auffi de recevoir la folde qui lui eft réglée par ladite ordonnance du premier novembre 1744, fur laquelle il fera pareillement retenu deux fols pour chaque ration de pain fournie aux Brigadiers, Huffards & Trompette feulement; les Officiers n'en devant point avoir, fi ce n'eft en le payant au prix de Sa Majefté.

A l'égard des Officiers réformez qui font entretenus à la fuite defdites compagnies, ou qui pourront l'être à l'avenir, ils feront pareillement payez fur le pied réglé par ladite ordonnance du premier novembre 1744, en paffant préfens aux revûes des Commiffaires des guerres.

L'intention de Sa Majefté eft que ce qui eft ci-deffus réglé pour les Gardes, Gendarmes, Chevaux-légers, Moufquetaires & Grenadiers à cheval, & pour les Sergens, Soldats, Gendarmes & Chevaux-légers de la Gendarmerie, Cavaliers, Carabiniers, Huffards & Dragons des troupes, tant françoifes qu'étrangères, pendant qu'elles fe trouveront en campagne, leur foit entièrement payé, fans que les Capitaines puiffent en rien retenir, fous quelque prétexte que ce puiffe être.

Comme quelques-uns des régimens qui fervent dans les armées, pourroient demeurer dans les places pendant une partie de la campagne, Sa Majefté entend qu'ils y foient payez de leur folde d'hiver en conformité de l'ordonnance du premier novembre 1744, que le pain foit

fourni aux Sergens, Soldats, Cavaliers, Carabiniers, Huſſards, Dragons, Tambours, Trompettes & Timbaliers, &
qu'il ſoit retenu deux ſols ſur leur ſolde, pour chaque ration.

La viande ſera fournie ſur le pied d'une demi-livre par
jour, à l'exception des vendredis, aux Sergens, Soldats &
Tambours de l'Infanterie françoiſe, ſans aucune retenue
ſur la ſolde de campagne.

Elle ſera pareillement fournie aux Sergens & Soldats
de l'Infanterie étrangère, & aux Brigadiers, Cavaliers,
Carabiniers, Huſſards, Dragons, Tambours, Trompettes
& Timbaliers : mais il ſera retenu pour chaque livre de
viande, deux ſols onze deniers ſur la ſolde de l'Infanterie
étrangère, & trois ſols cinq deniers ſur celle de la Cavalerie, des Carabiniers, Huſſards & Dragons.

Sa Majeſté ayant fait retenir ſur l'uſtenſile des régimens
qui en ont eu le quartier d'hiver dernier, cent cinquante-
livres à chaque Capitaine d'Infanterie, l'uſtenſile entier
à chaque Capitaine en ſecond des bataillons du régiment
Royal-Artillerie, & à chaque Lieutenant, Sous-lieutenant
ou Enſeigne, & deux ſols pour chaque Gendarme &
Chevau-léger de la Gendarmerie, & pour chaque Carabinier, Cavalier, Huſſard & Dragon, qui doivent leur
être diſtribuez pendant la campagne, ſon intention eſt
que leſdites ſommes leur ſoient remiſes, ſçavoir, pour
l'Infanterie, au Capitaine trente livres par chacun des
mois de juin, juillet, août, ſeptembre & octobre : &
l'uſtenſile entier des Capitaines en ſecond, Lieutenans,
Sous-lieutenans ou Enſeignes, leur ſera payé par portion
égale, par chacun des mois de mai, juin, juillet, août,
ſeptembre & octobre, ſur un état particulier dreſſé par
les Commiſſaires des guerres, après chaque revûe de campagne, à ceux qui étant pourvûs deſdites charges, y
auront paſſé préſens.

Et pour les deux ſols de retenue par jour pendant les
cent cinquante jours du quartier d'hiver, ſur la place
d'uſtenſile de chaque Gendarme & Chevau-léger de la
Gendarmerie, & de chaque Carabinier, Cavalier, Huſſard
& Dragon, faiſant la ſomme de quinze livres, Sa Majeſté

VIANDE.

Uſtenſile des
Capitaines &
Officiers ſubai-
ternes de l'In-
fanterie, pendant
la campagne.

E'c u
de campagne.

I ij

ordonne qu'elle soit distribuée manuellement par le Major ou Aide-major de la Gendarmerie & de chaque régiment, aux Gendarmes, Chevaux-légers, Carabiniers, Cavaliers, Huffards & Dragons, sur le pied d'un écu de soixante sols, par chacun des mois de juin, juillet, août, septembre & octobre, même à ceux des régimens qui ayant reçu le quartier d'hiver, resteroient dans les garnisons pendant la campagne ; sans que lesdits Officiers-majors puissent s'en dispenser pour quelque raison que ce soit, à peine d'être privez de leurs charges : au moyen de quoi lesdits Carabiniers, Cavaliers, Huffards & Dragons seront obligez de s'entretenir de linge, culotte, de bas & de souliers, & d'entretenir leurs chevaux de ferrage, de tenir leurs armes nettes & d'y faire les menues réparations, en sorte qu'elles soient en bon état : Entendant Sa Majesté que si ces armes venoient à être en un état à ne pouvoir plus servir, sans que ce soit par la faute du Cavalier ou du Dragon, qu'il soit nécessaire de les changer, le Capitaine en fasse la dépense, & qu'au surplus chaque Capitaine entretienne chaque Carabinier, Cavalier, Huffard & Dragon, de cheval, housse, selle, harnois, bride, habillement, manteau, chapeau, bottes & armes.

MANDE & ordonne Sa Majesté aux Gouverneurs & ses Lieutenans généraux en ses provinces, aux Commandans en chef, & aux Lieutenans généraux dans ses armées, aux Maréchaux-de-camp ayant le commandement sur ses troupes, aux Gouverneurs de ses villes & places, & à ceux qui y commandent, aux Intendans de ses armées, dans les provinces & sur les frontières, aux Directeurs & Inspecteurs généraux de ses troupes, aux Commissaires des guerres, & à tous autres ses Officiers qu'il appartiendra, de tenir la main à l'exécution de la présente. FAIT à Versailles le trente avril mil sept cens quarante-cinq. *Signé* LOUIS. *Et plus bas,* M. P. DE VOYER D'ARGENSON.

A PARIS, DE L'IMPRIMERIE ROYALE. 1745.